本 书 由 扬 州 大 学 出 版 基 金 资 助

业务复杂度对
股价同步性影响之研究

——基于中国上市公司的经验证据

张斌 著

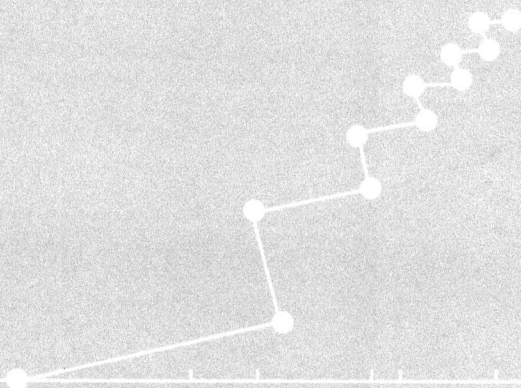

Operation Complexity and
Stock Price Comovement:

Empirical Evidences from Chinese Listed Companies

江苏大学出版社
JIANGSU UNIVERSITY PRESS
镇 江

图书在版编目(CIP)数据

业务复杂度对股价同步性影响之研究：基于中国上市公司的经验证据 / 张斌著. —镇江：江苏大学出版社,2012.12

ISBN 978-7-81130-421-3

Ⅰ. ① 业… Ⅱ. ① 张… Ⅲ. ① 股票价格—研究—中国 Ⅳ. ①F832.51

中国版本图书馆 CIP 数据核字(2012)第 311524 号

业务复杂度对股价同步性影响之研究：基于中国上市公司的经验证据
Yewu Fuzadu Dui GuJia Tongbuxing YingXiang zhi YanJiu：Jiyu Zhongguo Shangshi Gongsi de Jingyan Zhengju

著　者/张　斌
责任编辑/吴昌兴　仲　蕙
出版发行/江苏大学出版社
地　　址/江苏省镇江市梦溪园巷 30 号(邮编：212003)
电　　话/0511-84446464(传真)
网　　址/ http：//press.ujs.edu.cn
排　　版/镇江文苑制版印刷有限责任公司
印　　刷/虎彩印艺股份有限公司
经　　销/江苏省新华书店
开　　本/890 mm×1 240 mm　1/32
印　　张/6.5
字　　数/181 千字
版　　次/2012 年 12 月第 1 版　2013 年 12 月第 1 次印刷
书　　号/ISBN 978-7-81130-421-3
定　　价/28.00 元

如有印装质量问题请与本社营销部联系(电话：0511-84440882)

摘　要

　　证券市场承担着价格发现、资源配置、风险管理和改善公司治理结构等功能，而这些功能通过股票价格的信号机制加以实现。信息在股票定价中扮演着重要角色，是股票定价的关键性因素。影响股票价格的信息可以划分为三个层次：市场信息、行业信息和公司特质信息（firm-specific information）。其中公司特质信息是股票价格波动的根本原因，是判断股票内在价值的主要依据。股价同步性（comovement）是指个股价格变化与市场平均价格变化之间的关联度，即所谓的股票价格"同涨同跌"现象。高股价同步性意味着股票在定价过程中较少地吸收了公司特质信息，其后果是削弱了股票价格对公司价值的甄别、筛选和反馈功能，破坏了公司股价信号的传递机制，弱化了证券市场通过价格来进行资源配置的效率。因此，对股价同步性的成因及应对成为研究的热点问题，现有研究分别从产权保护、信息披露、分析师以及一些治理因素等宏观、微观视角研究了它们与股价同步性之间的关系。

　　企业多元化经营已经成为一种常态，多元化提升了公司的业务复杂度。业务复杂度对股价同步性潜在的影响在于：首先，业务复杂度越高，其投资价值越接近市场组合，公司股票价格可能更多地反映了市场层面的信息，公司特质信息传递不充分，导致股价同步性提高；其二，公司业务复杂度提升了信息发掘的难度，从而使得公司特质信息流出减少，导致股价同步性提高；第三，业务复杂度为大股东和管理层的机会主义行为提供了便利,而机会主义行为可能导致信息透明度降低,会削弱特质信息的传递效率,从而引起股价同步性提高。

作为新兴证券市场,中国股市高股价同步性得到了国内外众多证据的支持。同时,我国上市公司业务复杂度普遍较高,经营涉及2个或2个以上行业的上市公司超过了三分之二,这一背景为本书从业务复杂度视角检验股价同步性的成因提供了研究机会。

本书主要针对以下三个方面进行研究:

第一,研究业务复杂度与股价同步性之间的关系。本书以我国上市公司经营所涉及的行业数、分部数、赫芬达尔指数来表征业务复杂度,检验其与股价同步性之间的相关关系。结果表明,业务复杂度与股价同步性具有显著的正相关关系,即业务复杂度越高,股价同步性越高,故业务复杂度是股价同步性的决定因素之一。本书还进一步区分了国有背景公司和民营背景公司,检验不同最终控制人对业务复杂度与股价同步性关系的影响,结果表明民营背景公司中,业务复杂度与股价同步性之间的正相关关系更强,即业务复杂度对特质信息传递效率的削弱更为明显。

第二,研究会计盈余质量对业务复杂度与股价同步性之间关系的调节效应。本书首先检验了会计盈余质量与股价同步性之间的关系,发现两者之间存在显著的正相关关系,即盈余质量越高,股价同步性越高;接着检验了会计盈余质量对业务复杂度与股价同步性关系的调节效应,研究发现,随着会计盈余质量的提高,业务复杂度对特质信息传递效率的削弱更为明显。

第三,研究独立董事制度对业务复杂度与股价同步性关系的调节效应。本书引入独立董事比例、行业独立董事两个变量来检验独立董事制度对业务复杂度与股价同步性关系的调节效应。结果表明，独立董事制度对业务复杂度与股价同步性的关系具有调节效应，尤其是行业独立董事的引入对其具有显著效应，具体表现为行业独立董事的存在显著削弱了业务复杂度与股价同步性的正相关关系；进一步的研究表明，当行业专家具有政治关系时，其对业务复杂度和股价同步性的调节效应被显著削弱。

本书将业务复杂度因素引入股价同步性研究，丰富了股价同步性决定因素的文献；基于所有权性质、会计盈余质量和独立董事制度对业务复杂度影响股价同步性的调节效应研究，不仅使业务复杂度影响股价同步性的研究更为深入，同时也有助于理解我国制度背景下产权性质、独立董事制度的经济后果，所得出的结论对深入理解我国资本市场的运行效率、制定相关信息披露政策具有启示意义。

ABSTRACT

Security market takes the role of allocating resource, discovering prices, managing risks and improving corporate governance. These functions are achieved by the changing of stock prices. Information places a very important role in price determination. Information that may influence stock price can be divided into three levels: market information, industrial information and firm-specific information. Firm-specific information, which determines the intrinsic value of stock, is the fundamental factor that causes the fluctuation of stock price.

Stock price comovement says that individual stock price moves in the same direction with the market average prices. When the value of stock price comovement is high, it implies that firm-specific information is not fully absorbed into stock prices. This phenomenon not only eliminates the value difference among companies, but also decreases the resource allocation efficiency of the security market. Therefore, the causes of stock price comovement and it's implications are becoming popular research areas.

Corporate diversification becomes very common and it has a lot of influences: First, the higher of operation complexity, the closer the market value of its investment portfolio. Company stock prices may be more relevant to market information. Second, exploring information becomes difficult because of operation complexity, resulting in less high quality firm-specific information and higher stock price comovement. Third, the operational complexity provides a convenient for the company management's opportunistic behavior which may lead to reduce information transparency and weaken the transfer efficiency of firm-specific information, causing stock price comovement increased.

As an emerging stock market, Chinese high-stock price comovement has been supported by substantial evidence. Meanwhile, more than two-thirds of China's listed companies involve 2 or more than 2 industries. Based on existing literature, this paper mainly from the perspective of the operation complexity systematically analyzes the cause of formation of the comovement, which provides empirical evidence and theoretical support for China's security market.

This paper study three problems as follows:

First, this paper study the relationship between operation complexity and stock price comovement and find that there is a significant positive correlation between the operation complexity and the stock price comovement. This paper also find that the stock price comovement of non-government controlled companies is higher than the government controlled companies.

Second, this paper study the the quality of accounting earnings how to effect the relationship between the operation complexity and stock price comovement. On one hand, the paper examines the relationship between the quality of accounting earnings and stock price comovement and find that there exists a significant relationship between them, resulting in a different conclusion from foreign countries. On the other hand, because of operation complexity of a greater impact on the quality of accounting information, this paper examining the quality of accounting earnings how to effect the relationship between the operation complexity and stock price comovement and find that the quality of accounting earnings further enhance the positive relationship between the two.

Finally, this paper study the independent director system how to effect the the relationship between the operation complexity and stock price comovement. This paper introduce two factors: one is the proportion of independent directors and the other is independent directors of the industry in order to examine whether they affect the relation between the operation complexity and stock price comovement. This paper finds that the proportion of independent directors and independent directors of the industry do not directly affect the stock price comovement. This paper also find that independent directors have a regulatory effect, especially the industry's independent directors having a significant effect. The industry independent directors can significantly weaken the positive relationship between operation complexity and stock price comovement. Further verification indicated that when industry experts had political background, their adjusting effect on business complexity and stock price comovement was significantly impaired.

This book will put the factor of business complexity into the research of stock price comovement, rich literature of determinants of stock price comovement; and based the nature of ownership, earnings quality and the system of independent directors on the regulation effect of business complexity to stock price synchronicity, not only make the study of business complexity effect on stock price synchronicity more thorough, but also expand the related research to the nature of ownership, earnings quality, independent directors, the conclusions have certain enlightenment significance for further understanding the operating efficiency of the capital market of our country and formulating relevant policy of information disclosure.

目　录

第 1 章 导 论

1.1 研究背景

1.1.1 信息流动与资本市场的资源配置

资本市场被赋予风险管理、价格发现、资源配置和促进公司治理结构改善等功能,其中股票价格的信号机制使证券市场的资源配置功能得以实现。信息在证券定价中承担着极其重要的角色,对证券市场的价格决定发挥着关键性的作用。股票价格能够反映企业真实的经营状况,一个健全的证券市场能够充分利用上市公司股票价格的信号机制实现财务资源的优化配置,引导稀缺资源实现投资回报最大化,进而促进国民经济快速发展(Levine,2000;Rajan 和 Zingales,1998;Beck 等,2000)。

1.1.2 本土市场信息系统的建设

1.1.2.1 会计制度建设

随着我国国有企业改革的深入和资本市场的建立和完善,建立一套高质量的会计准则已经成为理论界和实务界的共识(冯淑萍,2001;葛家澍,2002)。1992 年,财政部颁布了《股份制试点企业会计制度》,由此我国会计制度实现了从以计划经济为基础的苏联会计模式逐渐向以市场经济为基础的国际会计准则的转变(冯淑萍,2001)。我国 1998 年颁布实施的《股份有限公司会计制度》和 2000 年颁布的《企业会计制度》表明了我国会计准则与国际会计准则的进一步协调。2006 年 2 月 15 日,我国颁布的《企业会计准则》标志着我国会计准则与国际会计准则实现了实质性趋同(楼继伟,2006)。

1.1.2.2 审计制度建设

1996年，我国开始实行第7号审计具体准则《审计报告》；2003年7月1日，开始实行经财政部修订后的《审计报告》准则和《中国注册会计师执业规范指南第5号——审计报告（试行）》指南；2007年1月1日，开始实行2006年2月15日颁布的新《审计报告》等一系列审计准则。由此，我国审计准则与国际审计准则实质趋同，这表明我国的会计界致力于提高信息透明度和遵循高质量执业准则。一方面，这有利于整个会计行业的发展；另一方面，也有利于中国经济的健康运行。

1.1.2.3 信息披露制度建设

由于上市公司特有的社会责任，监管层对上市公司的信息披露规定较为严格。及时、充分的信息披露能够有效防止证券市场的欺诈行为，实现证券市场的公开、公平、公正，进而提升投资者的信心。在成熟的证券市场中，上市公司披露的信息是上市公司、投资者和监管者的主要交流媒介。投资者通过阅读公司披露的信息，了解公司的财务状况和经营成果，从而做出理性的投资选择。

就立法层次而言，我国有关信息披露的制度包括以下几个层次：第一层次，最高立法机关（全国人大）制定的证券基本法律，如《公司法》《证券法》等；第二层次，政府（国务院）制定的证券基本法规，如《股票发行与交易管理暂行条例》《股份有限公司境内上市外资股的规定》等；第三层次，中国证监会发布的规章，如《禁止证券欺诈行为暂行办法》《证券市场禁入暂行规定》《公开发行股票公司信息披露实施细则》；第四层次，自律性规则，如《股票上市规则》及相关的通知、指引等。

应该说，对于信息披露制度，我国已形成了较为系统、全面、完整的制度体系。

1.1.3 基于信息披露监管的公司治理改革

现代企业制度的优势是提供了一套相互激励、相互制约的治理机制。而我国企业公司治理机制还不够完善，存在不少问题。譬如，国有资本所有者"缺位"，国有股"一股独大"，股权制衡乏力；上市公司中小股东利益得不到充分保障;董事会议事规则和操作程序不规范;对公司高管人员的激励和约束制度不完善;信息披露不够完善;等等。

上述问题的出现,一方面是因为国家法律法规不完善及监管不到位;另一方面是因为企业公司治理结构不完善,缺乏有效的激励与约束机制。但其中关键的因素还在于缺乏权力制衡与问责机制,国有股股东和中小股东监督公司经营的动力不足。解决上述问题的方案是一个系统工程,宏观上需要健全法制,完善市场制度,强化监管;微观上需要健全公司治理机制,强化合法经营意识,完善激励与约束机制,以及加强企业内部控制;更为重要的是,需要从技术层面解决多层次的信息不对称问题,譬如公司股东与高管之间的信息不对称会大大降低及减弱公司治理的效率和效果。所以,通过包括财务信息和非财务信息在内的公司重要信息的及时、准确、有效传递,可以协调股东、高管层、董事会和公司其他相关利益者相互之间产生的具体问题,从而达到完善公司治理的目的。

2001 年,我国证监会颁布了《关于在上市公司建立独立董事制度的指导意见》。根据这个规范性文件,上市公司应当建立独立董事制度,董事会成员中应当至少包括 1/3 的独立董事。独立董事对上市公司及全体股东负有诚信与勤勉义务,应认真履行职责,维护公司整体利益,特别是要使中小股东的合法权益不受侵害。《关于在上市公司建立独立董事制度的指导意见》特别指出,独立董事中至少包括一名会计专业人士。独立董事除行使公司董事的一般职权外,还被赋予以下特别职权:(1)重大关联交易(指上市公司拟与关联人达成的总额高于 300 万元或高于上市公司最近经审计净资产值 5% 的关联交易)应由独立董事认可后,提交董事会讨论。独立董事做出判断前,可以聘请中介机构出具独立财务顾问报告,作为其判断的依据;(2)向董事会提议聘用或解聘会计师事务所;(3)向董事会提请召开临时股东大会;(4)提议召开董事会;(5)独立聘请外部审计机构和咨询机构;(6)可以在股东大会召开前公开向股东征集投票权。因此不难看出,对披露信息的审查是独立董事的重要职责。

1.1.4 股价同步性日受关注

King(1966)通过资本资产定价模型(capital asset pricing model, CAPM)检验发现，个股收益率与市场收益率及行业收益率之间存在显著的正相关关系，这表明公司的股票价格内含了行业层面和市场层面的信息。另外，King(1966)还发现资本资产定价模型的解释能力随着时间的推移而逐渐衰减。Roll(1988)发现，市场收益率和行业收益率不能充分地解释个股收益率。因为不仅行业层面和市场层面的信息会影响股票价格波动，公司特质信息也会对股票价格波动产生十分重要的影响。但是公司特质信息却未包括在资本资产定价模型中。根据经典的有效市场假说，弱式有效市场、次强式有效市场、强式有效市场(Fama,1970,1991)的界定正是建立在证券价格反映可获得信息的基础上的，一个公司的股价反映了公司层面、行业层面和市场层面的信息(Campbell 和 Lettau,1999；Campbell 等,2001；Piotroski 和 Roulstone,2004)。

从理论上讲，公司层面、行业层面和市场层面的信息对市场交易的影响是有差异的，投资者会做出差异性反应，所采用的投资组合策略也不尽相同。市场信息是指那些对所有公司未来的经营状况都会产生影响的信息，如法律颁布、宏观政治经济形势信息、政策信息等(杨华蔚,2008)。市场系统性风险通常无法通过同一个市场内的投资组合来进行规避；行业层面的信息可以将不同行业股价波动的相关信息提供给投资者，对投资者进行跨行业投资组合具有显著意义；公司层面信息则可以反映市场对上市公司自身未来收益状况预期的变化，譬如公司未来的现金流、资金成本率、净资产回报率及配股、增发、股利发放、并购等与公司价值有密切相关性的特殊事件，这些信息被称为公司特质信息。总而言之，市场层面和行业层面信息属于公共信息范畴，与股票基本价值没有相关性，而公司层面信息是判断公司股票内在价值的最主要依据，决定公司股票价格波动的独立性高低(Durnev 等,2003；陈梦根和毛小元,2007)。股价所具有的公司特质信息的含量高低，也就成为股价同步性的高低，是衡量一国股票市场运行效率的重要性标志(Morck 等,2000)。股价中包含和反映的公司特质信息越多[1],股价同步性就越低,就越接近企业的实际价值,资源越能被引导至高效率行业,从而体现出资源配置的高效性(Tobin,1982;Wurgler,2000;Durnev 等,2003,2004[2])。

基于此,股价同步性对股票市场效率的影响引起了众多学者的关注,研究主题主要覆盖以下几个方面:

① 股价信息含量或股价同步性的测量方法。从国外研究文献来看,关于股价信息含量的测度,主要有如下几种测度方法。首先,Roll(1988)所建立的股价波动非同步性计算方法被公认为是最重要的测量股价同步性的方法,对后续研究具有重要作用,后续研究在其基础上有所发展(Durnev 等,2003,2004;West,1988;Barberis 和Shleifer,2003;Barberis 等,2005;Greenwood,2008;Andrade,2005;Veldkamp,2006)。其次,还有股票收益反映未来会计盈余信息能力指标法(Collins 等,1994;Durnev 等,2003),知情交易概率指标,即PIN 值法(Easley 等,1996,2002;Vega,2006;Llorente 等,2002),以及私有信息交易量指标法(Llorente 等,2002;Fernandes 和Ferreira,2008;Ferreira 和 Laux,2007)。

② 股价信息含量影响因素研究,包括宏观层面的影响因素和微观层面的影响因素。宏观层面的影响因素包括一国司法体系对投资者权益保护程度对股价同步性的影响(Morck 等,2000),新兴市场开放程度与股价信息含量的关系(Li 等,2004),以及新兴市场金融自由化程度对提升股价信息含量的影响(Bae 等,2006)。另外,股

---

① 就本书的研究而言,R^2、股价同步性是同一含义;其对立的说法有 $1-R^2$、股价非同步性、公司特质收益波动和股价信息含量,它们在含义上是一致的。

② Morck 等(2003,2004)对美国上市公司的研究表明,当股价波动反映出的公司特质信息越丰富,股价包含的有关公司未来收益的信息越多,预示着信息市场更加有效。而且他们还发现,在公司特质信息含量越高的行业,资本预算越接近市场价值最大化的目标。Wurgler(2000)的研究也证实,在股价波动所反映出的公司特质信息含量越高的国家中,金融市场更倾向于引导资源投入高成长性行业,进而体现出更高的资本配置效率。

票短期销售限制(Daouk 和 Lee,2006;Bris 等,2007)、会计准则建设差距(Ding,2007)、内幕交易法实施强度(Beny,2007)等制度因素也对股价信息含量有重要影响。

微观层面的影响因素包括证券分析师、机构投资者和内部人交易行为对股价信息含量的影响(Piotroski 和 Roulstone,2004;Choi 等,2005),以及内部制度环境、公司治理、会计信息质量、机构投资者持股等与股价信息含量的相关关系(Ferreira 和 Laux,2007;朱红军 等,2007;袁知柱和鞠晓峰,2009;王亚平 等,2009;金智,2010;尹雷,2010;肖浩和夏新平,2009;顾乃康和陈辉,2010;许年行 等,2011)。

③ 股价信息含量经济后果研究,主要包括股价信息含量对实体资源配置效率的影响等(Dye 和 Sridha,2002;Dow 和 Rahi,2003;Baker 等,2003;Wurgler,2000;Durnev 等,2004;Fox 等,2003;Durnev 等,2004;Wurgler,2000;Bakke 和 Whited,2007;Goldman,2005;Youngsuk,2006)。

1.2 研究动机

1.2.1 信息传递问题的紧迫性

我国深圳证券交易所为了提升上市公司信息披露质量,强化对上市公司信息披露的监管,首开先河于 2001 年发布了《深交所上市公司信息披露工作考核办法》(2013 年已修订),主要从及时性、准确性、完整性和合法性四方面对上市公司的信息披露工作进行考核,最后给出每家上市公司的信息披露考评等级。根据深交所披露的相关资料,本书统计了 2004—2008 年深交所主板上市公司的信息披露考评情况,见表 1.1。

表 1.1 深交所主板上市公司的信息披露考评情况

单位：家

年份	优秀	良好	及格	不及格	合计
2004	30	303	147	22	502
2005	40	283	137	35	495
2006	41	248	170	31	490
2007	42	232	192	22	488
2008	46	258	165	17	486

资料来源：深圳证券交易所网站。

由表 1.1 可见，每年除一定数量的上市公司信息披露考评结果不合格以外，有 30%～40% 的上市公司信息披露考评结果为合格，游走于合格与不合格的边缘。总体而言，结果不能令人满意。

从本质上讲，证券市场也是一个信息市场，证券市场的运作过程也可以看作是一个信息的处理过程，正是这些市场信息引导着资金流向各个实体部门，以此履行证券市场的资源配置功能。如何提高信息的准确性、充分性和对称性是保证市场高效率配置的关键问题。成功的证券市场的建立和发展，一定是建立在市场对投资者利益的有效保护和投资者对市场的坚定信心的基础上的。所以，政府应该强制性地要求证券发行公司公布所有相关信息，以防止证券市场中的欺诈行为与内幕交易行为等市场失灵现象，改善市场中存在的有悖公平的竞争状态。

从理论和实践上均可看出，信息在证券市场运行及功能发挥过程中均处于核心地位，信息披露是否及时、充分直接决定着证券市场的有效程度。企业竞争环境越复杂，竞争压力越大，越应要求企业信息传递达到较高的水平。

1.2.2 新兴市场下的高股价同步性问题

新兴市场存在较高的股价同步性。Morck 等（2000）用个股收益率和各国证券市场的指数收益率的拟合度（R^2）作为衡量股价同步性的指标，对 40 个不同国家或地区的股票价格同步性进行了考察，发现各个国家和地区的股价同步性差异较大，而中国的股价同步性在所有的国家或地区中仅次于波兰,处于第二高的位置。

现有股价信息含量的研究,一方面从国家宏观制度层面讨论股价信息含量的决定因素,较好地解释了各个国家证券市场股价信息含量差异化存在制度层面的原因,如不同的投资者保护程度、信息透明度、会计准则建设进程等(Morck 等,2000;Jin 和 Myers,2006;Ding 等,2007),这方面的研究数量多,有深度,影响也大;另一方面在微观层面,证券市场内部各公司股价信息含量也存在显著的差异,并影响到单个公司的资源配置效率及经营绩效水平(Ferreira 和 Laux,2007),这方面的研究数量还不多,许多研究问题有待挖掘与深化。显然,宏观制度层面分析无法替代微观层面解释,这就需要将研究重点从宏观层面转向市场和企业的微观层面,关注导致各公司股价信息含量产生差异的微观层面原因。事实上,有效的微观治理机制也能驱动外部投资者实行较多的套利活动。而且,有效的微观治理机制还能提高信息透明度(高雷和宋顺林,2007),使外部投资者更容易获取公司层面的特质信息,进而提高知情交易概率,增加股票价格信息含量,减少同步性现象或“同涨同跌”(Grossman 和 Stiglitz,1980)。

经过 20 多年的发展,我国证券市场取得了相当大的进步。以前的研究结果已经不能客观地反映我国目前证券市场的效率,所以人们更为关注近年来我国证券市场效率的变化。现有的文献表明,除个别年份外,我国证券市场的股价同步性基本上呈下降趋势,这表明我国证券市场的运行效率正在逐渐提高(李增泉,2005;朱红军等,2007;王亚平 等,2009;金智,2010)。不过,和其他国家或地区相比,我国证券市场的股价同步性仍处于较高水平,这就使得我们有必要深入思考形成高股价同步性的原因,寻找能够降低同步性、提高市场运行效率的途径。许多学术研究聚焦于“同涨同跌”问题和股价信息含量研究,极大地丰富了人们对证券市场中证券价格决定机制特征的认识。

1.2.3 现代企业制度:公司业务的复杂性和价值评估

企业的多元化经营是现代企业成长的一种重要途径。与西方国家相比,我国企业实施多元化经营较晚,但发展迅速。改革开放以来,在建立现代企业制度的改革浪潮中,大量的中国企业将实施多元化经营视为企业发展的重要战略措施,积极推行规模扩张。这些企业不仅积极渗透到不同的行业,同时还努力寻求经营地域上的拓展。企业管理者希望通过行业及地域上的多元化扩张,扩大企业规模,占领市场份额,改善企业经营业绩。

公司作为创造财富的主体,多元化导致其行为逐渐复杂,以适应高标准的财富创造需求。企业经营复杂性给投资者带来了机会,但也增加了其投资的难度,如公司需要通过改善信息的沟通方式防止复杂业务中的机会主义。

1.3 研究问题

1.3.1 业务复杂度如何影响股价同步性

企业多元化导致了业务的复杂性,本书认为通过上市公司分部报告界定的业务复杂度对股价同步性的影响,理论上有以下几个因素引发了两者之间的关系:一是公司可以通过复杂的业务隐藏真实的经营信息(Bushman 等,2004),或者有选择性地披露公司信息(Nanda 和 Zhang,2006),使得公司的信息环境更加不透明,阻碍了公司特质信息的传递;二是公司的多元化程度越高,业务越复杂,其投资价值越接近市场组合,这样公司股票价格更多地反映市场层面的信息,结果使得公司特质信息传递不充分;三是业务复杂为公司管理层的机会主义行为提供了便利,而机会主义行为会导致信息透明度降低,削弱特质信息的传递效率,从而引起股价同步性的提高。因此,从理论上可以预期业务复杂度与股价同步性之间存在着相关性。

1.3.2 相关因素对业务复杂度与股价同步性关系的调节

1.3.2.1 股权性质因素

国有股比例较高是中国上市公司的一个基本特征。一方面,国有上市公司存在所有权缺位、委托代理成本较高的问题;另一方面,国有企业已成为政治家寻租的重要对象(Shleifer 和 Vishny,1998)。因此,除价值最大化目标外,国有企业要比私有企业承担更多的社会责任,譬如社会福利、政治诉求等。这导致了公司价值的降低、外部投资者利益的受损;另外,国有企业中普遍存在的预算软约束也会降低公司现有信息对未来价值的反映。因此,一般认为国有控股上市公司的股价同步性较非国有控股上市公司的股份同步性高。但这些研究均未考虑企业业务复杂度的背景(游家兴,2007;王亚平 等,2009)。因为在业务复杂背景下,民营公司可能会借此有意无意地隐瞒信息而达到自己的目的。李增泉等(2011)的研究表明,民营上市公司与其子公司之间会采用更多的关系型交易,由此将导致上市公司缺乏向外公开披露高质量的信息的积极性,使得公司不透明;同时,关系型交易的特征使得外部投资者在解读上市公司信息时更为困难。这些都削弱了公司特质信息的传递,导致公司股价同步性提高。

1.3.2.2 盈余质量因素

信息引导了股价的形成,而股价又引导着财务资源的优化配置,因此信息质量对股票市场至关重要。会计信息是投资者进行投资决策的重要信息源,所以会计信息深刻地影响着股价的形成,并通过股价影响资源配置效率(Francis 等,2005)。会计信息作为市场最为关注的和投资者分析公司投资价值最为重要的信息,其质量高低究竟如何影响股价同步性呢?本书以盈余信息表征会计信息质量,研究会计盈余质量与股价同步性之间到底呈现何种关系,进而研究会计盈余质量对业务复杂度与股价同步性之间的关系有何调节作用。

1.3.2.3 独立董事制度因素

独立董事制度对保护中小股东权益、保证会计信息的公允及提升公司业绩等方面的制度效应已经得到了大量的验证。Bushman 等(2004)认为,当公司的透明度因为业务复杂度的提高而降低时,股东和经理之间信息不对称的差距就有可能提升道德风险的程度,因而需要监督力更强的治理机制进行匹配。此外,公司业务环境越复杂,发现机会主义行为的概率越低,如果引入具有行业背景的外部董事,将会有利于公司在复杂业务环境下坚持价值最大化的企业运行目标。

在现代公司治理发展过程中,独立董事受到越来越多的关注,希望能够由此增加透明度、增强责任感、提高效率;从全球趋势上看,独立董事比例增加也是董事会改革中的重要方向(吴晓辉和娄景伟,2008)。

所以,外部投资者可能非常关注上市公司的独立董事比例和独立董事的行业背景,并以此作为是否要搜集公司信息而进行风险套利的重要标准。

因此,本书试图观察业务复杂度对股价同步性的影响是否会因独立董事制度的调节而有所变化。通过独立董事制度的一些关键特征,如独立董事比例、行业独立董事,考察它们是否影响业务复杂度与股价同步性的关系。

1.3.3 分析框架

本书根据上述思路,从业务复杂度的视角研究其对股价同步性的影响,利用上市公司的数据进行了三个主要问题的实证检验。

本书共分 6 章,各章的内容安排如下:

第 1 章为导论,主要介绍本书的选题动机、研究思路、框架安排及主要学术贡献和创新之处。

第 2 章为业务复杂度研究视角的理论分析。首先介绍了股价同步性的概念及其相应的度量方法;其次在文献梳理的基础上,从宏观层面和微观层面综述了股价同步性的决定因素;最后对文献进行评述,并引导出本书的研究视角。

第 3 章实证分析了业务复杂度与股价同步性之间的关系,主要以我国上市公司经营涉及的行业数、赫芬达尔指数、分部数表征业务复杂度,考察业务复杂度与股价同步性之间的关系;结合我国特有的上市公司产权背景,区分国有、民营上市公司,进一步考察最终控制人对于业务复杂度与股价同步性关系的影响。

第 4 章实证分析了会计盈余质量对业务复杂度与股价同步性

关系之间的调节效应。首先直接检验了我国证券市场中会计盈余质量与股价同步性之间的关系;然后进一步考察了会计盈余质量对业务复杂度与股价同步性之间关系的影响。

第5章实证分析了业务复杂度对股价同步性的影响是否因独立董事制度的调节而有所变化。通过独立董事制度的一些关键特征,如独立董事比例、行业独立董事,考察它们是否会影响业务复杂度与股价同步性的关系。

第6章为本书总结,包括研究的主要结论与启示,并涉及研究的局限性及今后可能进一步研究的问题。

研究的主要框架结构如图 1.1 所示。

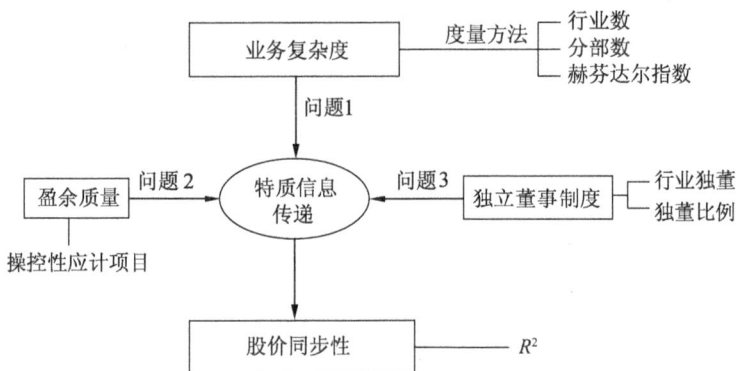

图 1.1 研究框架

1.4 研究贡献

1.4.1 丰富股价同步性决定因素文献

本书引入公司业务复杂度,拓展了对股价同步性微观层面决定因素的研究。针对微观层面影响因素研究不足的情形,本书试图挖掘一个重要的微观因素,即企业的内部经营特征——业务复杂度,研究其与股价同步性之间的作用关系,以弥补现有股价同步性研究所没有涉及的视角。本书的研究为股价同步性的决定因素提供了新的解释,丰富了有关股价同步性研究的成果,拓宽了股价同步性微观生成机理研究。

1.4.2 所有权性质对业务复杂度影响股价同步性的调节效应

就全球资本市场而言,中国上市公司的股权性质具有一定特殊性。本书基于最终控制人的不同所有权性质,考察国有公司和民营公司对业务复杂度与股价同步性关系的影响,得到了较有启示意义的证据。

1.4.3 从信息角度评价独立董事制度效应

大量的研究从保护中小股东利益、提高公司绩效出发,研究了独立董事的制度效应。本书通过分析独立董事制度的一些特征(如独立董事比例、行业独立董事)对股价同步性的调节效应,拓展了独立董事制度效应的研究,为独立董事制度存在的合理性与必要性提供了新的证据,尤其说明了行业独立董事的存在对于上市公司具有现实意义。

1.4.4 为中国会计信息披露提供参考

本书也试图为准则制定者和会计信息的使用者提供参考。例如,准则制定方可能会提出这样的问题:独立董事的存在是否增强了公司特质信息的披露?会计信息使用者是否较为关注公司独立董事的构架?这些问题也许可以从本书中获取部分答案。

第 2 章　业务复杂度研究视角的理论分析

2.1　股价同步性的本质与模型介绍

2.1.1　股价同步性的本质：特质信息的传递

股票市场作为信息高度集中的市场，其信息对称程度对市场效率和投资者决策有着重要影响。有效市场理论指出，市场上的所有公开信息都能够由股票价格反映，但是要具备三个前提条件：① 投资者具有理性思维。投资者合理地评估证券价值，追求未来收益最大化的过程就是投资者理性决策的过程。② 就股票市场整体而言，一些缺乏理性的投资者因其交易的偶然性，抵消了相互交易的结果，不会影响证券价格。③ 即使市场上有些投资者的非理性行为存在相似之处，证券价格也会因为市场上大量套利交易者的行为，驱使证券价格恢复到理性。Shleifer（2000）也认为，不要担心非理性投资者行为，因为证券市场中理性投资者的交易会使其变得不重要，所以理性投资者是决定金融资产价格的关键，市场的有效性同样可以实现。股票价格同步性的差异可以由理性预期均衡假设解释，其相关理论是如果一个公司的环境致使公司披露了更多的公司特质信息，资本资产定价模型中的 R^2 就会相对减少。

市场有效假设表明，股价反映了公司、行业及市场层面的各类信息（French 和 Roll，1986；Roll，1988；Morck 等，2000，2003；Jin 和 Myers，2006），市场层面的信息对每个公司都具有普遍影响，比如管制政策、新颁布法律、行业景气和宏观经济等。这些信息对每个公司的股票价格都会产生影响，并促使个股股票价格变化与整个市场的股票价格变化维持一致；而公司的回购、分红、增发、配股等基本面的公司特质信息会推动公司的股价偏离集体股价的波动，并不同程度地异于整个市场的股价变动。

Roll（1988）最早提出基于资产定价模型分解法的股价波动非同步性指标，用 R^2 表示市场中股票价格的同步性。用 $1-R^2$ 衡量股价波动非同步性，$1-R^2$ 越大，表示市场层面信息能够解释股票回报波动的比例越低，股价中所包含的公司特质信息就越多，即该股票价格同步性越低，对投资者价值越高。

King（1996）的研究表明，个股收益率与市场收益率、行业收益率均有较强的相关关系，这说明股票价格内含了与市场、行业相关的各种信息。陈梦根和毛小元（2007）指出，同作为公共信息的行业层面信息和市场层面信息相比，与股票价值密切相关的是公司特质信息，它是判断股票价格的决定性因素，影响公司信息含量的高低。Tobin（1982）表明，股票价格中包含的公司特质信息量越多，股价与企业的实际价值越接近，越能高效地优化配置稀缺资源。Morck 等（2000）指出，股票价格反映公司真实信息的能力是衡量一个国家证券市场运行效率的重要标志。

2.1.2　股价同步性的模型介绍

正是基于以上研究逻辑，研究者试图通过分解股价波动，准确计量公司特质信息产生的波动在股票价格总波动中所占的比重，即股价同步性的大小。这具体体现在文献中的股价波动同步性和股价波动非同步性度量方法的发展上。

Roll（1988）利用套利定价模型（arbitrage pricing model，APM）和资本资产定价模型（capital asset pricing model，CAPM）对公司股票回报进行回归，计量股价波动中公司层面的波动及市场层面的波动所占的比重回归得到的 R^2 解释了系统性因素的大小，这一指标反映了市场的股价同步性（即"同涨共跌"现象）。Roll（1988）首创了股价同步性(synchronicity)[①]测度方法,并启发了后续的计量研究和相关研究。Durnev 等(2003)对 Roll(1988)的估计方法进行了完善,加入了行业因素。这些研究均认为,信息是驱动股价波动的直接原因,且不同信息对股价波动的影响是不同的。

Morck 等(2000)提出了另外一种股价信息含量的测度方法,将研究窗口拆分为 N 天(或 N 周,或 N 月),计算窗口内单个公司股票收益波动与市场收益波动方向相同的天数(周数或月份数)占整个研究窗口的比例。该比例越高,说明该公司个股价格变动与市场波动的同步性越强。市场股价同步性通过在研究窗口内计算与市场收益变动方向相同个股数量占所有股票数量的比例考量股价同步性,计算所得比例越高表明该证券市场股价同步性越强。

此外,还存在其他度量方法。

(1) 未来盈余反应系数

未来盈余反应系数(future earnings response coefficient,FERC),是股票收益反映未来会计盈余信息能力的一个指标。该系数指标被 Collins 等于 1994 年提出后得到了广泛应用。Durnev 和 Morck(2003)研究发现,拥有低 R^2(代表较低股价波动同步性)的公司和行业,其当期股价与未来的盈利之间的相关关系较强,说明股价中包含了较多的关于未来盈余变化的信息。

假设预期股利的调整与预期盈余的调整高度相关,那么就可以把当期的股票收益作为当期和未来未预期盈余的函数。由于会计盈余最能有效地代表公司层面的信息,因此股价信息含量可以用当期股票收益反映未来会计盈余信息的能力进行测度。以股票的年收益率为因变量,以公司当期和未来的每股盈余变化值(即未预期值)作自变量进行回归分析,回归方程如下:

---

① 相当数量的文献采用 Morck 等(2000)中的"synchronicity"来表达股价同步性,但也有学者如 Barberis 等(2005)采用"comovement"一词。就本书的研究而言,对于如何表达 $1-R^2$,采用公司特质收益波动、股价波动非同步性或股价信息含量表达,它们只是不同形式的文字表述,但在含义上是一致的。

$$r_t = a + b_0 \Delta E_t + \sum_\tau b_\tau \Delta E_{t+\tau} + \sum_\tau c_\tau r_{t+\tau} + \mu_t \qquad (2.1)$$

式中,r_t 为股票年收益率,b_0 为盈余反应系数,ΔE_t 为公司第 t 年每股盈余变化值除以该公司年初股票价格的所得值,$\Delta E_{t+\tau}$ 为 τ 年后公司每股盈余变化值除以第 t 年年初股票价格的所得值。为了尽量减少盈余及时性和稳健性对会计盈余确认的影响,提高准确性,可用息税折旧前的盈余变化值来表示,因为税收、利息、折旧与摊销等项目较容易受到会计方法的影响,而息税折旧前盈余可以较为有效地避免这种影响。关于 τ 值,一般取 3,$r_{t+\tau}$ 为公司第 τ 年后的股票年收益率,如果直接将未来盈余变化值作为自变量,可能会导致股价反映未来盈余信息能力这个测度指标出现下偏估计。因此,Collins等(1994)提议将 $r_{t+\tau}$ 作为控制变量,抵消可能的下偏误差对结果的影响。测度股价信息含量的第 1 个指标是股票收益对未来会计盈余的反应系数,表示为 $FERC$,将未来几年会计盈余的反应系数值相加,则有

$$FERC = \sum_\tau B_\tau \qquad (2.2)$$

式中,B_τ 为第 τ 年的会计盈余反应系数。

第 2 个测度指标则是在回归方程中加入未来会计盈余变量后,回归方程的拟合优度 R^2 的增加值,表示为 $FINC$,则有

$$FINC = R^2_{r_t} + R^2_{r_t'} \qquad (2.3)$$

式中,$r_t = a + b_0 \Delta E_t + \sum_\tau b_0 \Delta E_{t+\tau} + \sum_\tau c_\tau r_{t+\tau} + \mu_t$,$r_t' = a + b_0 \Delta E_t + \mu_t$。

Dennis R. Oswald 和 Paul Zarowin(2007)在公司 R&D 背景下,研究了股价中的信息含量(以当期股价中所包含的关于未来盈利信息量的多少为代表)与公司的 R&D 融资决策之间的相关关系。David S. Gelb 和 Paul Zarowin(2002)提出,较高的信息披露预示着该公司的股价中包含较多未来盈利信息的假设,并进行了实证检验,从而支持了被大家广为持有,但迄今为止仍未被实证证明的观点,即高质量的信息披露为投资者提供了更多有益的信息。

然而,这两个指标都无法用来对各公司间的股价信息含量值进

行比较,因为它们的计算都直接依赖于对公司盈利的度量,而不同公司在计算盈利时具有一定的灵活性。这使得这两个指标在公司间缺乏直接的可比性,在一定程度上限制了这两个指标在实证金融研究领域的应用。

（2）Z 指标

根据 Bekaert, Harvey, Lundblad（2003）和 Lesmond, Ogden, Trzcinka（1999）的相关研究,采用零交易率（percentage of zero-return days）作为衡量公司信息的简化指标。Lesmond 等（1999）指出,只有当信息信号（information signal）的价值超过其交易成本时,边际投资者（marginal investor）才会进行交易。如果他们不交易,价格就不会变化,这就是一个零收益的结果。当没有新的与公司价值相关的信息披露时,价格也不发生变化,这样的交易也是一个零收益交易。假设足够的价格相关信息到达市场后,投资者进行交易,股票收益就产生了。因此,零收益率（the zero-return metric）代表公司信息流的频率,一个较低的零收益率代表更多、更有效的股票价格。

（3）知情交易概率（PIN 值）

知情交易率（Probability of Informed Trading, PIN）,是指某只股票发生知情交易的概率,最早由 Easley, Kiefer 和 O'Hara（1996）提出,在随后的研究中得到了较多应用。从定义来看,PIN 值越大,则股价信息含量越高。

$$PIN = \frac{\alpha\mu}{\alpha\mu + \varepsilon + \nu} \qquad (2.4)$$

式中,α 表示一天内信息交易发生的概率,μ 表示理性交易者抵达率,ε 表示卖单抵达率,ν 表示买单抵达率。

（4）私有信息交易量（amount of private information trading）

基于股票收益自相关假设,Llorente 等（2002）构建了测度公司年度私有信息交易量的回归方程:

$$E_{i,t} = \alpha_i + \gamma_i E_{i,t-1} + \theta_i E_{i,t-1} V_{i,t-1} + \varepsilon_{it} \qquad (2.5)$$

式中,$E_{i,t}$ 表示股票 i 第 t 期的周收益率,$V_{i,t}$ 表示 26 周移动平均交易量取自然对数,交叉项回归系数 θ_i 表示私有信息交易量。θ_i 值越

大,表明知情交易量越多,股价信息含量越高。Ferreira 和 Laux
(2007)、Fernandes 和 Ferreira(2009),分别采用该指标作为股价信
息含量的测度指标进行了相关实证分析。

2.2　股价同步性的决定因素：成熟市场的一般性框架

2.2.1　产权保护

研究宏观层面的影响因素对降低公司股价同步性的制度基础建
设具有重要作用。宏观层面的政治体制、法律体制对股票市场投资者
的行为会产生重要影响,而投资者的行为又会波及股票价格对不同信
息的吸收消化和反应程度。Morck 等(2000)对包括中国在内的 40 多
个国家的证券市场进行了比较研究,发现这些国家证券市场的股价同
步性存在很大的差异,发达市场经济国家的股价同步性普遍较低,而
新兴证券市场的股价同步性普遍较高。其中,中国在所有国家或地区
中处于倒数位置,研究认为这种差异源于制度环境的不同。

Morck 等(2000)的研究表明,在所有权保护程度较低的国家,政
府往往置法律于不顾而干涉公司正常的经营活动,这导致了以下结
果:第一,更加难以预计和确认公司的收益分配,投资者的套利风险程
度加大,投资者的交易兴趣降低;第二,理性投资者的退出导致噪音投
资者在证券定价中的地位非常重要。噪音投资者对市场具有主导权,
导致了市场的"浑浊"。由于公司层面信息的吸收和反映由风险套利
活动推动(Grossman 和 Stiglitz,1980;French 和 Roll,1986;De Long
等,1990;Roll,1988;Shleifer 和 Vishny,1997),投资者不足及套利活动
的不活跃阻碍了股价同步性的降低,致使股价信息含量较低。

股价同步性还是一个国家股市培育程度的反映。Li 等(2004)
基于时间序列的视角检验了市场开放度与股价同步性的相关关系。
实证结果表明,资本市场的开放度与股价同步性具有负相关关系,
并且这种负相关关系在制度建设较为完整的国家中更为明显。在
发达国家的股市中,股价同步性水平比较低,而在新兴的股票市场
中股价同步性水平比较高。Bae 等(2006)的研究也支持了 Li 等

(2004)的观点,即新兴市场金融自由化能显著降低公司的股价同步性。但是,Bae 等(2006)通过对韩国上市公司的详细分析,发现公司治理水平制约了市场自由化对股价同步性的降低作用。如果上市公司的公司治理水平较低,这种影响的效果将会大打折扣。

Fox 等(2003)研究了美国证监会实施的强化信息披露法案对股价同步性的影响。研究发现,法案的颁布加强了上市公司自愿披露信息的动机,尤其是加强了那些本来想隐瞒信息的公司的披露动机。譬如,法案颁布之后与法案颁布之前相比,经营情况不太理想的公司的股价同步性有了明显的降低。Ding 等(2007)以 30 个国家为研究对象,从国际会计准则与国内会计准则差异的视角研究了会计制度演变对股价同步性的影响。结果表明,当国内会计准则与国际会计准则的条款有较大差距时,上市公司的股价同步性较高,这也说明会计制度变革对股价同步性具有相当重要的影响。

内幕交易法是影响股价同步性的重要因素。Carlton 和 Fischel(1983)认为,由于在信息方面公司内部人员处于明显的优势地位,因此公司特质信息会因为内部人员交易迅速反映到股票价格上。Fishman 和 Hagerty(1992)的研究却指出,内幕交易具有挤出效应,股价同步性将上升。因为假如内幕人员拥有获得超额收益的信息优势被外部投资者得知,外部投资者就没有兴趣挖掘公司层面信息,使得信息不对称的情形难以缓解。

Beny(2007)从国家层面实证了 Carlton 和 Fischel(1983)的研究结论。其研究发现,在控制不同的法律、经济与制度因素的情况下,内部交易的限制强度与股价同步性呈显著的负相关关系,内幕人员与风险套利者支付数额的差距越大,股价越能恰当地反映公司的特质信息。Durnev 和 Amrita(2007)的研究也支持了这一结论。Fernandes 和 Ferreira(2009)深入地研究了内幕交易法实施对股价同步性的显著降低作用,研究表明这种降低作用只出现在经济发达的国家。发展中国家由于制度基础建设不足,对投资者利益保护水平很低,所以通过实施内幕交易法仍不能够有效地激励投资者主动挖掘公司的特质信息。相反,内幕交易法的实施降低了内部人员向外界传递公司特质信息的概率,因而可能会提高股价同步性。可见,内幕交易法的实施能否有效降低公司的股价同步性,还取决于投资者保护制度与金融体制的完善程度。

在美国跨境上市的公司往往能够获得正的超额收益率,这可能是得益于美国较好的上市环境,譬如美国具有较为完善的法律与金融体系,但这一观点一直没有得到证据支持。Foucault 和 Gehrig (2008)通过构建模型对此进行了解释。Fernandes 和 Ferreira (2008)的实证研究表明,经济发达国家的公司在美国上市能够显著降低股价同步性,改善上市公司信息环境。而对于发展中国家来说,结果却相反,这是因为分析师跟进行为传递了较多的市场与行业信息。

Bris 等(2007)研究了股票短期销售限制对股价同步性的影响。结果表明,当股票短期销售可实施时会增加风险套利行为,并导致股价内含的公司特质信息含量较高。而且,对单个股票回报偏离度的统计研究进一步证明了该研究结论的准确性。Daouk 等(2006)对 32 个国家的国际比较研究得到了类似的结论。该结论对证券市场监管具有重要的指导作用,因为这会改变监管者所形成的限制短期销售会降低市场恐慌的观点;而事实上,正是这种限制行为导致了股价同步性的提高,最终降低了资本市场运行效率。

2.2.2　公司信息透明度

Morck 等(2000)指出,不同国家投资者权益保护的差距解释了金融发展和股价同步性之间的关系。而 Li 和 Myers(2006)发现,与投资者保护相比,导致各国股价同步性差异的更为重要的原因是各国公司具有不同的透明度。Li 和 Myers(2006)还建立了一个理论模型,说明公司控制权和信息透明度对公司风险在内部人(控股股东或高层经理)和外部人(中小股东)之间分配过程的影响作用。控股股东或高层经理拥有信息优势及对公司的控制的优势,可攫取公司部分的经营现金流。然而,中小股东对公司价值的观察决定了这种侵害程度。当信息透明程度较低时,外界很难察觉内部人的掏空行为,致使内部人具有强烈意愿利用内部信息谋取私利,从而导致投资者所能搜集的公司特质信息减少。另外,由于公司透明度较低,投资者只能根据市场平均回报率预期公司价值,导致股价波动主要地表现为与大盘"同涨同跌"。

Healy等(1999)的研究认为,公司信息披露的改善、财务报告质量的提高会在一定程度上缓解公司经营信息的不对称性,并降低股票价格的波动程度。Easley和O'Hara(2004)的研究表明,一个公司的会计盈余处理和披露政策会影响其信息风险(information risk),且会影响其股价同步性大小和融资成本。

Rajgopal和Venkatachalam(2010)从公司财务报告质量的视角,分析与解释了美国上市公司1962—2001年股价同步性逐渐下降的原因。Leuz和Verrechia(2000)用在美国上市的德国公司为研究样本,分析了信息披露质量对公司的交易量、买卖价差及股价波动等的影响。研究发现,公司在海外上市后随着信息披露的增加,信息不对称程度相应地降低,股价同步性下降,股价信息含量提高,资本成本相应地减小。

Brown和Hillegeist(2006)认为,虽然McNichols和Trueman(1994)的理论研究表明高质量的信息披露会增加短期内的信息不对称程度,因为它增加了私人信息的挖掘激励,促使更多的私人信息知情交易发生,但是从长期看,高质量的信息披露倾向于降低私人信息的挖掘激励。因此,高质量的信息披露最终会导致股价中的信息分布主要来自于公开可得的信息。

他们的研究认为,首先在Merton(1987)投资者认知假设下(investor recognition hypothesis),不知情投资者更有可能投资那些他们熟悉的,或是他们乐于去做出投资判断的公司。如果高质量的信息披露增加了一个公司的可见度(对投资者而言),降低了处理公司信息的成本,那么就会促使不知情交易者对该公司的股票进行较多的交易。Fishman和Hagerty(1992)分析得出,高水平信息披露会降低投资者吸收该公司关于公共信息的成本,该成本的降低会导致非私人信息的知情投资者的增加。

其次,高质量信息披露的公司更倾向于迅速地披露公司实际经营（material）信息，以及提供关于经营盈余预期等具有前瞻性的信息。这样，高质量信息披露就会使得剩下的私人信息减少。因此，这也就增加了搜寻剩余私人信息的预期成本。所以，为了在扣除成本后还能有所收益，知情交易人往往在公司进行信息披露前对这些私人信息进行交易。私人信息的出现和公司打算对该信息进行披露的时间长度随着信息披露量的增加而减少。因为信息搜寻活动需要花费一定的时间，高质量的信息披露会降低私人信息在公司公布前被发现的概率。因此，降低搜寻私人信息的预期收益可以使高质量的信息披露降低私人信息的搜寻激励（Diamond，1985；Verrechia，1982）。高质量的信息披露很可能会降低投资者获取和交易私人信息（指私人信息事件）的频率。因此，在相对较长的时间段内，信息披露质量与投资者全部的私人信息活动呈负相关关系，与私人信息事件发生的频率呈负向关系。

Kelly（2005）以美国上市公司为研究对象，对公司的信息环境与股价波动同步性之间的关系进行了研究。他以机构投资者持股比例、证券分析师跟随数量、交易成本、股票流动性、私人信息风险和信息交易者数量等变量作为公司信息环境的代理指标。具体来说，机构投资者持股比例越高、分析师跟随数量越多、交易成本越低、股票流动性越高、私人信息风险越低、信息交易者数量越多的公司，其信息环境越好。实证结果发现，公司信息环境与股价波动同步性呈正相关关系，即公司信息环境越差，股价波动所反映出的公司特质信息含量越高。Kelly 的这一研究发现恰好与 Jin 和 Myers（2006）、Chan 和 Hameed（2006）的理论解释相反。因此，Kelly 认为较低的股价波动同步性并不表明股票的定价机制更有效率，反而可能是市场噪音作用的结果。

Dasgupta 等（2006）讨论了一次性的披露信息、经常性的提前披露信息等几种信息披露方式发生变化的情况下，公司股价特质波动变化的理论模型，并进行了相关的实证分析。研究得出，一个透明度较高的信息环境会导致一个较低的股价信息含量水平。

Bhattacharya 等（2000）研究发现，莫斯科股票市场上的股价对公司通告信息的反应很小。这并不是因为在莫斯科上市交易的公司都比较透明,而是因为内部交易的存在使得内部人所掌握的私人信息已经通过内部人交易被资本化到股票价格中,因此公司通告消息所带来的异常就比较小。

Barberis 等(2005)发现如果公司股票被包括到或者被剔除出标准普尔 500 股票指数,这被认为提高或者降低了公司层面的透明度,会带来股价收益同波动性的提高或者降低。

2.2.3 分析师

Chan 和 Hameed(2006)的研究发现,在新兴的资本市场里证券分析师搜集的主要是市场层面的信息,而非公司基本面的信息,由此导致证券分析师的增加反而提高了股价同步性,降低了股价信息含量。

Piotroski(2004)等较早地从微观的公司层面实证分析了证券分析师、机构投资者和内部人交易行为对股价信息含量的影响。研究发现,证券分析师跟进行为与股价信息含量显著负相关,机构投资者和内部人交易活动与股价信息含量显著正相关。其原因是,分析师更多地关注市场或行业层面的信息,而不关注公司层面的信息。相反,机构投资者和内部人交易活动则有效地传达了公司层面信息,提高了股票价格中的信息含量。

Grossman 和 Stiglitz(1980)的研究表明,活跃在市场上的交易者越多且交易中信息知情人越多,股价信息含量就越高。Barberis 等(2005)在行为金融学框架下,给定存在交易成本和非理性投资者的前提下,认为股价同步性源于投资者的非理性行为,而非源于制度环境导致的高昂的信息成本,具体表现为大量投资者对某类公司(如构成标准普尔 500 指数的股份公司)的特殊偏好,导致这类公司随着非理性投资者的交易行为表现出齐涨齐跌的互动性特征。

Bushman 等(2004)的研究发现,国家限制内部交易的法律执行得越好,该国的外部投资者对企业信息的需求就越大,而作为主要信息中介的证券分析师对每家上市公司跟踪的人数也就越多。这支持了 Morck(2000)得到的产权保护环境决定投资者信息搜寻动力的结论,并影响资本市场运行的效率。

2.2.4　其他治理因素

股权结构是公司内部治理结构的产权基础,集中体现了各契约主体间的控制权差异。大股东持股是股权结构的重要内容,已有关于大股东持股对投资者利益保护的影响的两种假说。一是监督假说,即随着大股东持股比例的上升,大股东利益与企业整体利益逐渐趋同,这使得大股东更加积极地监督管理层的机会主义行为,可以有效保护外部投资者利益(Shleifer 和 Vishny,1986);二是掠夺假说,即随着大股东持股比例的进一步上升,大股东的控制能力也随之上升,他们可能从其他与其利益不一致的小股东处掠夺财富,或者可能通过关联交易方式掏空企业资产(Shleifer 和 Vishny,1997)。为了掩盖其掠夺行为,大股东必然会减少对公司真实信息的披露,此时外部投资者需要承担高额的信息成本进行搜集和加工信息。信息成本的上升会抑制他们基于私有信息的风险套利行为,导致股价信息含量降低(Grossman 和 Stiglitz,1980)。由于股东之间效用函数的差异性,大股东对公司经营决策的干预可能并非基于全体股东的利益,中小股东利益容易受到侵害,因此理想的股权结构应该具有股权制衡特点(La Porta等,1999)。Gomes(2005)等通过理论模型证明存在多个大股东的情况下,大股东之间的互相约束和监督能有效限制大股东的资产掏空行为,从而有效保护中小股东和外部投资者的利益。

董事会是解决公司代理问题的一种重要制度安排,是现代公司治理的核心。其中,董事会治理包括董事会规模、董事会独立性、董事会领导结构及董事会会议等能进行定量描述的特征变量,这些特征变量直接影响董事会的治理效应。董事会规模常常被视为影响董事会效率的关键因素,许多学者认为规模相对较小的董事会更有利于提高治理效率。Lipton 和 Lorsch(1992)认为,虽然董事会的监督能力随着董事数量的增加而提高,但由此带来的协调与组织过程的效率损失将超过其数量增加所带来的收益。研究还发现,董事会人数太多可能导致董事会治理失效,而且很容易受到 CEO 的控制。Yermack(1996)则认为,具有较小规模董事会的公司具有较高的市值。

通过对我国的公司董事会研究发现,董事会规模过大可能是 ST① 公司董事会治理失败的原因之一。在规模一定的前提下,董事会的独立性被认为是保证董事会监督效率的重要因素,而独立董事制度则是提高董事会独立性的一种制度安排。研究表明,如果独立董事具有投票控制权,那么具有较差绩效的 CEO 则更有可能被撤换。Byrd 和 Hickman(1992)发现,当决策更可能是由外部独立董事占优势的董事会做出时,在收购竞价公告日前后的超常竞价收益的数额将是巨大的。我国证监会也从 2001 年开始在上市公司强制推行独立董事制度。

公司领导结构是指公司的董事长与总经理是否由一个人兼任。代理理论认为,董事长和总经理两职应该分离,以维护董事会监督的独立性和有效性,但是代理理论的解释并不符合现代组织行为和组织理论方面的研究。相应地,现代管家理论则认为两职合一有利于企业创新的自由发挥,使企业能在竞争激烈而又瞬息万变的市场环境中更好地生存和发展。研究发现,在高度不确定的环境中,两职合一以放弃多数同意和平等参与为代价可能会导致快速的决策制定,这可能是一项提升公司效率的措施;但在相对稳定的环境中,两职合一则可能会导致治理机能失调。于东智(2002)认为,在我国现行的制度框架下,总经理兼任董事(不包括董事长)可能是一种较好的选择。董事会会议是董事会成员进行沟通、形成决策进而履行其监督职能的重要方式。研究发现,董事会会议时间在提高董事会效率方面显得十分重要。Vafeas(1999)认为,董事会活动是董事会参与公司治理的一个重要方面,而且对于一个公司而言,调整董事

① 1998 年 4 月 22 日,沪深证券交易所宣布将对财务状况和其他状况异常的上市公司的股票交易进行特别处理(英文为 special treatment,缩写为"ST")。

注:其中异常主要指两种情况:一是上市公司经审计两个会计年度的净利润均为负值,二是上市公司最近一个会计年度经审计的每股净资产低于股票面值。在上市公司的股票交易被实行特别处理期间,其股票交易应遵循下列规则:a. 股票报价日涨跌幅限制为 5%;b. 股票名称改为在原股票名前加"ST",例如"ST 钢管";c. 上市公司的中期报告必须经过审计。

会会议频率以获得更好的公司治理效果比改变董事会构成或所有权结构、改进公司章程等更容易,成本也更小。国外实证研究也证明,董事会会议频度与财务舞弊行为发生的概率呈负相关关系。

董事会是公司内部治理结构的核心,是公司内部监督经理人员的最高控制机构。独立性是保障董事会有效运作的基础,拥有更高比例的独立董事将有助于加强董事会的客观性和独立性,可以更好地对执行董事的行为进行监控,同时也可以更好地限制经营者的机会主义行为。在现代公司治理发展过程中,独立董事受到越来越多的关注,希望能由此带来更多透明度、责任感和效率。从全球发展趋势上看,独立董事比例增加也是董事会改革重要方向。在此背景下,外部投资者可能非常关注上市公司的独立董事比例,并以此作为是否搜集公司信息而进行风险套利的重要标准。另外,董事长与CEO两职合一也是董事会效率低下、外部投资者利益得不到保护的原因之一。从已有研究看,董事会规模对治理效率和外部投资者保护的影响是不清晰的,对股价信息含量的影响方向也不明确。公司治理会议在公司治理决策中发挥着重要作用,其主要包含股东大会与董事会。公司治理会议的召开能及时地对企业发展战略和管理层的经营决策进行分析和讨论,解决公司发展和经营中存在的问题。更重要的是,公司治理会议的召开往往向市场传达一个好的经营信号,从而激励更多风险套利者搜集公司层面信息进行市场套利,推动股票价格向实际价值靠近,提高股价信息含量。肖作平(2006)实证发现,年度内股东大会会议召开的次数越多,股东们就有越多的时间交流和解决公司未来发展的战略决策问题,并及时对董事会和监事会的工作进行考核和评价,提高公司治理效率和审计质量;Conger(1998)等认为,增加董事会会议召开次数可以提高董事会的有效性,从而更好地保护外部投资者利益。在这些情况下,私有信息搜集成本下降,股票市场知情交易概率提高。

随着我国现代公司治理结构的逐步建立,股权激励也逐渐成为一种对管理层(包括董事、监事和经理人员)进行激励的重要方式。Jensen等(1976)的利益趋同假说认为,管理层持股有助于他们与外部股东的利益趋同,从而减少管理层在职消费和剥夺股东财富的行为。这样,他们进行盈余管理和粉饰经营状况的动机就会减小,外部投资者更有意愿和动力去搜集和加工公司层面信息,从事投资套利活动。另外,由于中国上市公司管理人员持股比例偏低,因此Fama(1983)等提出的壕沟防御效应较难发挥作用。现有的一些研究也支持了这一观点,如高雷等(2007)实证发现管理层持股比例与经营绩效水平显著正相关。因此,当管理层持股比例较大时,外部投资者利益能得到有效保护,信息搜集成本也比较低,此时套利者基于私有信息进行套利的可能性增加,股价信息含量将提高。

Ferreira 和 Laux 等(2007)从并购条约限制的角度,对公司治理机制与股价信息含量的相关关系做了检验。结果表明,较少的反并购条款能引起较高的特质波动风险,并增加市场交易活跃程度,使得股票价格中含有较多关于未来会计盈余的信息。因此,开放的公司控制权使市场能够激励外部投资者收集该交易中公司层面的私有信息,从而提高股价信息含量。

2.3 基于中国制度背景的分析框架

2.3.1 已有的研究积累

基于中国的制度背景下,有部分学者对股价同步性的影响因素进行了检验,分别从所有权、信息透明度、分析师、机构投资者、证券市场制度、公司治理因素等方面进行了研究。

李增泉(2005)对股票价格同步性与公司所有权安排之间的关系进行了实证分析。结果表明,第一大股东的持股比例与股票价格同步性之间存在显著的非线性关系,其他大股东的持股比例与股票价格的同步性之间表现出显著的负相关关系。国家控股上市公司股票价格的同步性显著高于非国家控股公司的股票价格同步性,并且国家控股公司股票价格的同步性也因市场化程度的不同而不同。

朱红军等(2007)得到了我国证券分析师能够提高股价信息含量的经验证据,他们通过对证券分析师和股价信息含量进行两阶段回归,发现证券分析师的信息搜寻活动使股价中包含更多的公司层面信息,减少了"盈余公告后漂移"的现象,并使当前的股票价格能够更及时地反映未来盈余信息,从而提高了股价信息含量,促进了市场运行效率的提高。

于阳和李显祖(2005)检验了中美两国基金规模与股价信息含量之间的相关关系,结果发现,中国基金规模的壮大没有显著提升股价信息含量,而美国共同基金的发展却加剧了股价的分化。他们认为政府对市场的过分干预是导致中国证券投资基金无法正常发挥职能的根源。

游家兴(2007)考察了信息交易者(以机构投资者为代理变量)的参与程度对股价信息含量的影响,研究表明,机构投资者的参与能提高整个市场投资者的理性程度,有利于市场信息传递机制的完善,可以驱动股票价格吸收公司特质信息,从而有力地抑制股价波动中的同涨共跌。

王亚平等(2009)以 2004—2007 年 A 股非金融上市公司为样本,首先检验了信息透明度与股价同步性之间的关系,然后检验了机构投资者持股比例对两者关系的影响。研究结果表明,信息透明度越高,股价同步性越高;信息透明度与股价同步性之间的正向关系随着机构投资者持股比例的提高而减弱。

陈梦根和毛小元(2007)检验了影响股价信息含量高低的因素。据统计数据显示,中国证券市场股价波动中公司特质信息的影响平均占 52%左右,公司层面与行业层面信息的影响合计占 48%左右,且样本期内股价特质波动逐步提高。进一步的检验表明,经营绩效好的公司的股价信息含量通常较高,且投资者在传播公司信息方面越能发挥重要作用;市场交易越活跃的公司的股价信息含量越高;而资产规模大、流通股股本大的公司,其股价波动与市场价格走势趋于一致,股价联动效应较显著。

游家兴等(2006)沿用 Morck 等(2000)的研究思路,通过分析中国证券市场制度发展过程中六个标志性事件,发现随着制度建设的逐步推进、不断完善,股价波动同步性趋向减弱;股票价格所反映出的公司层面的信息越来越丰富,即股价信息含量逐步提升,这也验证了 Morck 等(2000)的结论在中国的适用性。

袁知柱等(2009)实证检验了 2000—2005 年中国上市公司制度环境与公司治理因素对股价信息含量的影响,结果发现,在制度环境较好的省市,股价信息含量较高。第一大股东持股比例与股价信息含量呈倒 U 形关系,而且双重上市、股权制衡度、董事会规模、独立董事比例、股东与董事会年度会议次数和管理层持股比例与股价信息含量呈显著正相关关系,国有股比例与股价信息含量呈显著负相关关系。

游家兴(2008)承袭 Wuriger(2000)的资源配置效率估算模型,以我国 2001—2005 年上市公司为研究对象,考察市场信息效率与资源配置效率之间的因果承接关系。在以股价波动同步性作为市场信息效率衡量指标的基础上,研究发现,随着市场信息效率的提高,资本更快地由低效率领域向高效率领域转移,资源配置效率得以有效改善。

侯宇和叶冬艳(2008)研究指出,股票价格中公司特质信息含量的增加,可以带来更有力的市场监督并降低内部人同外部人之间的信息不对称性,提高资本市场效率,使市场中的资源分配更加合理。王凤华等(2009)以中国 2005—2007 年深市上市公司为研究样本,结合中国资本市场上炒作盛行、投资者羊群行为严重的现象,实证分析认为现阶段提高会计信息含量不会提高股价信息含量。

尹雷(2010)利用中国证券市场所有 A 股上市公司 2005—2007年的面板数据,使用股价同步性和代表机构投资者持股的三个变量——机构投资者持股比例、机构投资者持股变化和持股机构投资者数量进行回归统计,检验了机构投资者持股对股价同步性的影响。研究结果表明,代表机构投资者持股的三个变量都与股价同步性显著负相关,其中机构投资者持股变化是影响股价同步性的决定性因素,其他两个变量都是通过该变量发生作用的。这一结果说明,机构投资者利用公司特质信息进行的基础信息交易,提高了股价中的信息含量,降低了股价同步性。

唐松等(2011)以2004—2007年间所有的民营A股上市公司为样本,对政治关系与股票价格的信息含量(以公司的股价同步性衡量)之间的关系进行了实证检验。检验结果发现,与没有政治关系的公司相比,有政治关系的公司的股票价格同步性显著较高,并且政治关系与股票价格同步性之间的正相关关系只在市场化程度较低、政府干预较多及法制水平较差的地区存在。进一步区分政治关系的类型可以发现,代表委员类政治关系显著提高了公司的股价同步性,而政府官员类政治关系对股价同步性的影响则不显著。

孙刚(2011)将股价同步性作为衡量信息不对称的重要指标,以2003—2006年我国上市企业为样本进行了研究。研究发现,在信息噪声普遍存在的我国股票市场中,股价同步性与上市公司现金-现金流敏感度呈显著负相关关系,而这一负相关关系在发达金融市场环境中表现得更为明显。研究表明,在控制了公司规模等因素后,股价中包含更多的市场和行业信息,正向地反映了股价的信息吸收效率,股价同步性越高的企业面临的融资约束越小,而发达的金融发展环境有助于提高股价对市场和行业信息的吸收效率。

肖浩(2011)基于财务学研究将资本资产定价模型的统计量R^2作为股价同步性的度量指标,而对R^2代表的经济含义,学者持有信息论和噪声论两种对立观点。他在回顾文献的基础上,深入分析中国股价同步性所代表的经济含义及知情交易对股价同步性的影响,并以深市2003—2004年在主板交易的上市公司为研究对象,采用EKOP模型估计股票的信息性交易概率,将其作为知情交易的直接度量,构建线性回归模型,对中国信息性交易概率与股价同步性的关系进行实证检验。研究结果表明,信息性交易概率与股价同步性之间呈高度的负相关关系,即知情交易通过增加股价中的信息含量降低股价同步性。由于市场层面的信息与公司特质信息对股价同步性的影响不同,所以可以进一步将信息性交易概率分解为市场信息性交易概率和个股信息性交易概率,并将其分别纳入回归模型中进行检验。结果显示,个股信息性交易概率对股价同步性有负向影响,市场信息性交易概率与股价同步性有正相关关系。上述的研究发现为股价信息含量的解释提供了有力的事实证明。

金鑫(2011)研究了中国上市公司的国际化经营对股价同步性的影响,以及机构投资者在二者关系中所起的作用。结果发现,相对于非国际化经营公司而言,国际化经营公司的股价同步性较高;而且国际化经营程度越高,股价同步性越低,二者的反向关系会随着机构投资者持股比例的增加而增强。结论表明,上市公司提供的信息量、投资者获取信息的成本、投资者的理性程度及结构等因素都会影响投资者识别和区分特质信息和噪音的能力,进而影响股价同步性。

于忠泊等(2011)鉴于会计稳健性经济后果研究文献缺少的情形,从股价信息含量的角度研究了会计稳健性的公司治理功能。研究发现,会计稳健性与股价信息含量之间存在着显著的正相关关系,即会计稳健性与股票价格同步性显著负相关,与知情交易概率显著正相关,与股票价格的异质波动性显著正相关。进一步的分析表明,会计稳健性会使股价中包含更多未来盈余信息。文章的研究结论表明,会计稳健性能够有效抑制管理者的机会主义行为,降低管理者与投资者的信息不对称性,增强投资者搜集公司层面私有信息的动机,促使更多的投资者利用公司层面的私有信息进行套利交易。因此,股票价格中包含更多公司层面的私有信息。

杨继伟和聂顺江(2011)认为股价信息含量代表证券市场的信息效率,其与资本配置效率之间具有密切的相关关系。他们以股价波动同步性作为股价信息含量的度量指标,在借鉴 Richardson 模型计量自由现金流、过度投资和投资不足的基础上,以 2001—2008 年在沪深证券交易所上市的制造业公司为研究样本,从过度投资和投资不足的视角研究股价信息含量与企业资本配置效率之间的因果关系。实证结果表明,随着股价信息含量的提高,企业滥用自由现金流进行过度投资的行为能够得到有效的抑制。股价信息含量的提高还可以有效缓解企业投资的不足,证券市场信息效率的提高可以改善资本的配置效率。研究结论有助于更好地理解证券市场信息效率对资本配置效率促进作用的微观机理。

许年行等(2011)收集了 1994—2004 年中国股市的相关数据,

用 R^2 度量股价同步性,对股票收益的"惯性"、"反转"与 R^2 之间的关系进行系统的实证检验和理论分析。实证研究发现,总体上我国股市不存在显著"惯性"现象,而存在显著"反转"现象,并且反转效应随着 R^2 的上升而逐渐减弱,两者呈负相关关系;不同市场态势下惯性和反转的表现形式不同,且与 R^2 的关系也不同。牛市阶段存在"反转"现象,且 R^2 越高反转越明显;在熊市阶段存在"惯性"现象,且 R^2 越小惯性越明显,这说明不同市场态势下股价同步性的生成机理不同。作者认为,"信息效率观"和"非理性行为观"这两大学派均无法完全解释这些实证发现。对此,作者提出了一种基于信息与心理行为互动关系的新解释,克服了"信息效率观"和"非理性行为观"的缺陷,丰富并完善了股价同步性形成机理的理论研究。

顾乃康和陈辉(2010)以 2001—2007 年仅发行 A 股的非金融类上市公司平衡面板数据为样本,采用高频数据构造相对有效价差和相对报价价差衡量股票流动性,考察股票流动性、股价信息含量与公司投资决策之间的关系。研究结果表明,股票流动性与股价信息含量呈倒 U 形关系,但是股票信息含量的大小并没有影响投资和股价之间的敏感性,说明市场上的投资者可能是更多地挖掘管理者已有但没有披露出来的私有信息,而不是管理者没有的私有信息,因此管理者并不需要据此进行投资决策。此外,股票流动性与企业投资水平正相关,这意味着股票流动性通过扩展企业的投资机会影响企业的投资行为,使用不同的代理变量进行稳健性检验均没有改变研究结论。

邹斌和夏新平(2010)认为新股上市首日收益为正的现象在世界范围内广泛存在,但是中国畸高的新股上市首日收益反映了新股定价效率的缺失,这也是中国监管层力促新股市场化定价改革的主要动因之一。与大多数主要从上市首日收益率的高低来讨论新股定价效率的研究不同,他们通过构建度量新股股价信息含量的指标,对新股股价的个股特质信息含量进行量化,对中国实施新股询价定价前后新股股价信息含量与新股定价效率的关系进行单变量检验和多元回归的实证分析。研究结果表明,目前中国的新股询价定价机制并未实现降低新股上市首日收益的政策目标,但是机构投资者参与的询价定价提高了个股特质信息在新股股价中的资本化程度，新股询价定价机制的实施提高了中国新股发行市场基于个股特质信息对新股进行价值发现的定价效率。研究结果不仅对监管层完善询价制度和投资者参与新股投资具有一定的指导意义，也为讨论新股首次公开发行的定价效率问题提供了新的视角。

2.3.2　文献评价

从以上文献来看，自1988年提出"股价非同步性"以来，这一研究领域已经形成了一系列学术成果，研究前后传承，逐渐地深入细化，形成了一个以"股价波动非同步性"为主题的文献体系。

最初，Roll将"股价非同步性"归因于股票价格包含公司层面信息，以及由于投资者狂热、噪音等因素，"股价波动非同步性"背后的理论解释具有一定的不完善性，导致了股价波动非同步性成果在很长时间内都没有引起学者们的注意（袁知柱和鞠晓峰，2009）。直到Morck等（2000）、Wurgler等（2000）的研究出现后，股价波动非同步性才开始受到学者的广泛关注。这些国内外的研究成果各自关注不同的研究角度，共同支撑起"股价波动非同步性"研究的大厦。

对以上国内外关于股价波动同步性的研究，本书可以做出如下评价：

① 经验研究比较充分，理论基础需要夯实。从计量方法看，现有的计量方法已经有所发展，但是股价波动同步性度量的有效性还需要理论上的发展的支持。目前，较多的学者使用股价波动非同步性进行实证分析，其研究重点支持了"股价波动非同步性"代表了公司层面信息内涵的解释。但是，关于理论建构和深度理论分析的文章却不多，Veldkamp（2006）、Jin和Myers（2006）在这方面做了一些工作，而投资者偏好（Barberis等，2005）、风格投资行为（Barberis和Shleifer，2003）被检验证明对股价波动非同步性有一定的影响。这就导致了以下两方面的现象：一是经验证据的丰富，二是理论构建的缺乏，如何处理存在的理论与经验的矛盾。本书认为应该两手都要抓，既要继续深化经验研究，丰富现有的研究主题，探索一些还没有涉及的股价波动同步性主题，又要从理论层面上构建股价波动同步性信息内涵的解释框

架。只有这样,股价波动同步性文献才有继续发展的生命力。

② 研究关注不对称,微观层面的研究还需要积累成果。在现有的股价波动同步性研究中,关于宏观层面决定因素的研究较多,如投资者保护程度、金融市场开放程度等,但关于微观层面决定因素的研究较少。从目前的文献来看,站在国家间比较的角度研究股价信息含量影响因素的文献较多,股价信息含量宏观层面决定因素方面的研究有相当的积累和学术成果。在这一点上,Morck 等(2000)的引导和启发作用功不可没。但是,微观层面决定因素的研究文献却非常少,大部分微观层面决定因素的研究文献都是从证券分析师或机构投资者角度进行分析的,少部分的研究从公司内部治理机制的角度进行。袁知柱和鞠晓峰(2009)指出,对公司治理进行研究的文章非常少,而股权结构、董事会治理、监事会治理、管理层激励等内部治理机制会显著影响公司会计信息透明度的高低(Chen 和 Jaggi,2000;吴清华 等,2006;王艳 等,2007),因此这些治理机制也会对股价信息含量产生重要的影响。另外,环境与公司特征、管理者动机和审计质量等微观层面影响因素也需要深入研究。可以说,关于宏观层面影响因素的研究对建设提高股价信息含量的制度基础有着重要的指导意义,但如果就一国证券市场内部而言,微观层面因素却实质性地影响了股票同步性的高低。因此,加强对微观层面决定因素的研究,可以充分地了解同一市场内部单个股票反映公司层面信息量不同的原因。此外,对于宏观因素和微观因素的充分认识,可以为从理论层面上完整地构建股价同步性信息内涵的解释框架提供重要的知识储备和研究保障。

③ 中国股价同步性的研究尚处于起步阶段,仍存在拓展空间。从现有的研究成果看,对中国上市公司股价同步性的研究不多,该领域的研究尚处于起步阶段,但影响因素方面的研究已积累了一定的成果(李增泉,2005;于阳和李怀祖,2005;朱红军 等,2007;游家兴等,2006;袁知柱和鞠晓峰,2009,顾乃康和陈辉,2010;唐松 等,2011)。不过,仍然有许多其他影响因素未被研究,如本书选择了公司业务复杂度因素,从企业内部业务结构的角度,研究公司业务复

杂度对中国股价同步性的影响。将股价同步性的微观研究视角细化到公司结构层面,有利于人们深化对微观层面影响因素的理解。其次,在股价同步性的经济后果方面也有一定的研究潜力。中国作为新兴市场国家,其制度基础及投资者保护体制与发达国家相比尚有一定的差距,但特色也很明显。因此,需要在研究中充分考虑发达国家证券市场研究成果与我国市场研究成果之间的差异性。例如,朱红军等(2007)的研究结论与 Piotroski 和 Roulstone(2004)具有差异性,此差异可能源于不同的制度环境。国外文献多认为,股价同步性提高能有效增进资源配置效率。但股价信息含量这一最重要的经济后果能否适用于中国资本市场,也需要人们进行实证检验。这个检验非常重要,因为新兴市场国家资本市场的一个重要的政策目标就是实现稀缺资源的优化配置。

2.3.3 嵌入业务复杂度的必要性

2.3.3.1 多元化在中国的普遍性

(1) 多元化经营的含义

多元化经营又称多角化经营,是指企业同时经营两种以上基本经济用途不同的产品或服务的一种发展战略。多元化经营是相对企业专业化经营而言的,其内容包括产品的多元化、市场的多元化、投资区域的多元化和资本的多元化。所谓产品的多元化,是指企业新生产的产品跨越了并不一定相关的多种行业,且企业生产的产品多为系列化产品;所谓市场的多元化,是指企业的产品遍布多个市场,包括国内市场和国际区域市场,甚至是全球市场;所谓投资区域的多元化,是指企业的投资不仅可以集中在一个区域,而且可以分散到多个区域甚至世界各国;所谓资本的多元化,是指企业资本来源及构成的多种形式,包括有形资本和无形资本,如证券、股票、知识产权、商标和企业声誉等。近年来,企业多元化经营一直是理论界和企业界研究的课题。从目前来看,存在两种截然不同的观点:一种观点认为,利用现有资源开展多元化经营,可以规避风险,实现资源共享,产生"1+1>2"的效果,此种经营方式是现代企业发展的必由之路;另一种观点认为,企业开展多元化经营会造成人、财、物等资源分散,管理难度增加,效率下降。其实,多元化作为经营战略,其本身无优劣之分。企业运用这种战略成败的关键在于企业所处的外部环境及所具备的内部条件是否符合多元化经营的要求。两者相符,就能成功,否则必然失败。

① 供求矛盾及市场竞争的程度。供求矛盾与市场竞争程度是企业外部环境的重要方面,也是企业制定和实施经营战略的基础。改革开放之初,部分具有超前意识的企业家推行多元化战略,把经营范围逐步扩展到其他领域,并且几乎无一例外地取得了成功。殊不知,企业的多元化经营取得成功是因为具备了良好的外部环境。对于现今的企业而言,外部环境已经发生了巨大变化。短缺经济在绝大多数领域基本结束,部分行业生产相对过剩。在此情况下,绝大多数企业处于微利甚至无利、亏损经营的状态。企业如果无视环境的变化,一味追求多元化,不但达不到目的,反而会给自身带来更大风险。近年来,多元化经营导致企业失败率大幅度提高,就证明了这个道理。

② 行业或产品所处生命周期中的位置。按照市场营销学的观点,任何产品都要经历投入期、成长期、成熟期和衰退期四个阶段。在行业或产品生命周期的不同阶段,企业经营的难易程度是不同的,企业所采取的策略也要有所区别。企业开拓新领域要力争进入到处于投入期或成长期的行业或产品中去,应避免进入成熟期或衰退期的行业或产品中,这是由竞争能力、发展潜力和行业壁垒所决定的。因此,公司进入新的行业和新产品中,有时不但不能降低风险,反而会给自身带来更大的风险。

③ 企业新进入行业与其原有主业的相关性对多元化经营的成败起关键作用。相关性可分有形关联和无形关联。有形关联建立在共同的市场、渠道、生产、技术、采购、信息和人才等方面,相关业务之间的价值活动能够共享。无形关联则是指建立在管理、品牌、商誉等方面的共享。当企业多元化经营建立有形关联时,其多元化经营的成功机会较大。有形关联之所以能够成功,主要是因为企业的竞争优势可以扩展到新领域,实现资源转移和共享,在新行业容易站稳脚跟并发展壮大。因此,企业决策要以自身优势为基础。多元化经营也应以新的行业或产品能否使自己充分发挥并增强优势

为标准,判断自身现有优势能否延伸到目标行业或产品中。

④ 企业多元化经营根本依托核心竞争力。企业的多元化经营必须涉及企业核心竞争力问题。为什么有些企业能够保持业绩稳定增长的发展势头,而有些企业却是昙花一现呢?关键就是企业是否有核心竞争力。成功的企业在经营领域的选择上,都是首先确定自己的主营业务,积极培养核心竞争力,再以此为基础考虑多元化经营。海尔公司的多元化经营战略的脉络就是坚持7年的冰箱专业经营,在管理、品牌、销售服务等方面形成自己的核心竞争力,在行业占据领头羊的位置。1992年开始,海尔根据相关程度逐步从高度相关行业开始进入,然后向中度相关、无关行业展开。首先进入核心技术(制冷技术)同一、市场销售渠道同一、用户类型同一的冰柜和空调行业,然后逐步向黑色家电与知识产业拓展。现实中,部分企业盲目追求多元化经营,搞过度的多元化,这种做法是不妥的。因为企业的战线拉得越长,力量就越分散,控制力就越弱。亚洲金融危机中,韩国部分大企业破产倒闭,而过度多元化经营就是造成倒闭的重要原因。

(2) 多元化经营的模式

① 横向多样化

横向多样化是以现有的产品市场为中心,向水平方向扩展事业领域的经营方式,也称水平多样化或专业多样化。横向专业化有三种类型:市场开发型、产品开发型和产品、市场开发型。

市场开发型,即以现有产品为基础,开发新市场。

产品开发型,即以现有市场为主要对象,开发与现有产品同类的产品。

产品、市场开发型,即以新开拓的市场为主要对象,开发新产品。

横向多样化战略由于是在原有的市场、产品基础上进行变革的,因而产品内聚力强,开发、生产、销售技术关联度大,管理变化不大,比较适合原有产品信誉高、市场广且发展潜力很大的大型企业。

② 多向多样化

多向多样化是指虽然与现有的产品、市场领域有些关系,但是通过开发完全异质的产品、市场使事业领域多样化的经营。这种多

向多样化包括三种类型:技术关系多样化、市场营销关系多样化、资
源多样化。

　　技术关系多样化,是以现有事业领域中的研究技术或生产技术
为基础,以异质的市场为对象,开发异质产品的多样化发展方式。
由于这种多样化利用了研究开发能力的相似性、原材料的共同性、
设备的类似性,能够获得技术上的相乘效果,因而有利于大量生产,
在产品质量、生产成本方面也有竞争力。而且各种产品之间的用途
越不同,多样化的效果越明显。但是在技术多样化的情况下,销售
渠道和促销方式是不同的,这对于市场营销中的竞争是不利的。这
种类型的多样化一般适合于技术密集度较高的行业中的大型企业。

　　市场营销关系多样化,是以现有市场领域的营销活动为基础,
打入不同的产品市场的多样化发展方式。市场营销多样化利用共
同的销售渠道、共同的顾客、共同的促销方法,以及共同的企业形象
和知名度,因而具有销售相乘的效果。但是,由于没有生产技术、设
备和原材料等方面的相乘效果,因此市场营销关系多样化不易适应
企业的变化,也不易应付全体产品同时老化的风险。这种类型的多
样化适合于技术密度不高、市场营销能力较强的企业。

　　资源多样化,是以现有事业所拥有的物质基础为基础,打入异
质产品、市场领域,求得资源充分利用的多样化发展方式。

　　③ 复合多样化

　　复合多样化是从与现有事业领域没有明显关系的产品、市场中
寻求成长机会的多样化发展方式,即企业所开拓的新事业与原有的
产品、市场毫无相关之处,所需要的技术、经营方法、销售渠道等必
须重新取得。复合多样化可以划分为以下四种类型:

　　a. 资金关系多样化。一般关系的资金往来单位随着融资或增
资的发展,上升为协作单位。

　　b. 人才关系多样化。当发现企业内部具有专利或特殊人才时,
就利用这种专利或人才向新的事业发展。

　　c. 信用关系多样化。接受金融机关的委托,重建由于资本亏本
濒临破产的企业或其他经营不力的企业多采用这种发展方式。

d. 联合多样化。为了从现在的事业领域中撤退或者为了发展为大型的事业,而采用资本联合的方式进行多样化经营的策略。

(3)多元化经营的普及

尽管多年来企业多元化经营的利弊一直是理论界和企业界研究的课题,但多元化已成为企业经营的一种常态,这是不争的事实。就我国上市公司而言,涉及两个或两个以上行业实施多元化经营的企业超过三分之二。

2.3.3.2 多元化的动机

多元化经营的企业能够很好地利用企业内部优势。多元化企业与专业化企业相比较而言,它等于将原有的由多个专业化经营企业的经营活动有机地整合在一个企业内进行;或者是将多个产业、产品纳入一个企业或者企业集团中进行。在多元化企业内,可以充分利用企业的管理优势、市场优势和技术优势等,合理配置资源、提高企业资源的利用效率和效果。由于多元化经营公司为管理者提供了一个协调管理不同经营业务的机会,因此,多元化经营企业的运行将比专业化经营企业更有效率,能获取更高的投资报酬。

多元化经营的第二个优势是企业内部资本市场的建立。一般而言,专业化经营的企业无法按照合理的成本筹措到足够的资金时,就只能放弃一些盈利的投资项目。而多元化经营企业创造了一个很大的内部资本市场,企业可以通过内部的资金调度有效地解决上述资金不足问题,使多元化企业比专业化企业获得更多的投资和获利机会。

此外,多元化经营的另一个内部化优势就是将外部不确定性交易契约变成了内部契约,也就是用内部一个合约替代一系列外部交易契约,这样就可以节省外部交易成本。特别地,多元化经营对于相关多元化企业更具有这样的优势,譬如横向一体化多元化经营可以减少不必要的同行竞争,还可以获取规模效益;如纵向一体化多元化经营则使外部市场供销变成了内部原料供求,可以极大地降低企业的交易费用。

2.3.3.3 多元化形成的业务复杂性

多元化所涉及的跨行业、跨区域经营增加了企业的业务复杂度,也给投资者的投资决策增加了信息需求、甄别、判断的复杂性,这种转变需要在经济业务复杂化的同时,以匹配的信息机制来与之适应。否则,业务复杂度产生的多维的特质信息无法有效地传递给投资者,导致市场的信息不对称,影响市场资源配置效率。因此,多元化经营形成的业务复杂性具有一定的不利影响。

2.3.4　业务复杂度产生的影响

2.3.4.1　业务复杂度对特质信息传递的影响

首先,从市场组合角度来看,公司的多元化程度越高业务越复杂,其投资价值越接近市场组合。这样公司股票价格更多地反映了市场层面的信息,投资者可以不挖掘信息,使得投资者发掘信息的动机下降,其结果是公司特质信息传递不充分,导致股价同步性提高。其次,从信息搜寻角度来看,企业多元化导致了业务的复杂性,公司通过复杂的业务增加了信息发掘的难度,从而使得信息流出减少,致使公司传递信息的动机不足,减少了股价中的特质信息。同样,这会导致高股价同步性。

2.3.4.2　业务复杂度对特质信息传递的影响会受到其他因素的调节

首先,会计盈余信息作为重要的信息源是投资者关注的重点,其本身与股价同步性会有一定的关联性。因而,在业务复杂度对股价同步性的影响中,需要考虑会计盈余的作用,也就是盈余质量对业务复杂度与股价同步性之间的关系有一定的调节作用。其次,独立董事制度对于保护中小股东权益、保证会计信息的公允,以及提升公司业绩等方面的制度效应已经得到大量的验证。业务复杂度对股价同步性的影响是否会因独立董事的调节而有所变化?独立董事的一些关键特征,如独立董事比例关系、行业独立董事,是否影响业务复杂度对股价同步性的作用还需要进行检验。此外,基于中国市场股权性质的特殊性,不同的最终控制人对业务复杂度与股价同步性关系的影响也需要进行检验。

因此,从现有的研究来看,业务复杂度对股价同步性的影响具有一定的研究机会。本书的相关研究脉络如图 2.1 所示。

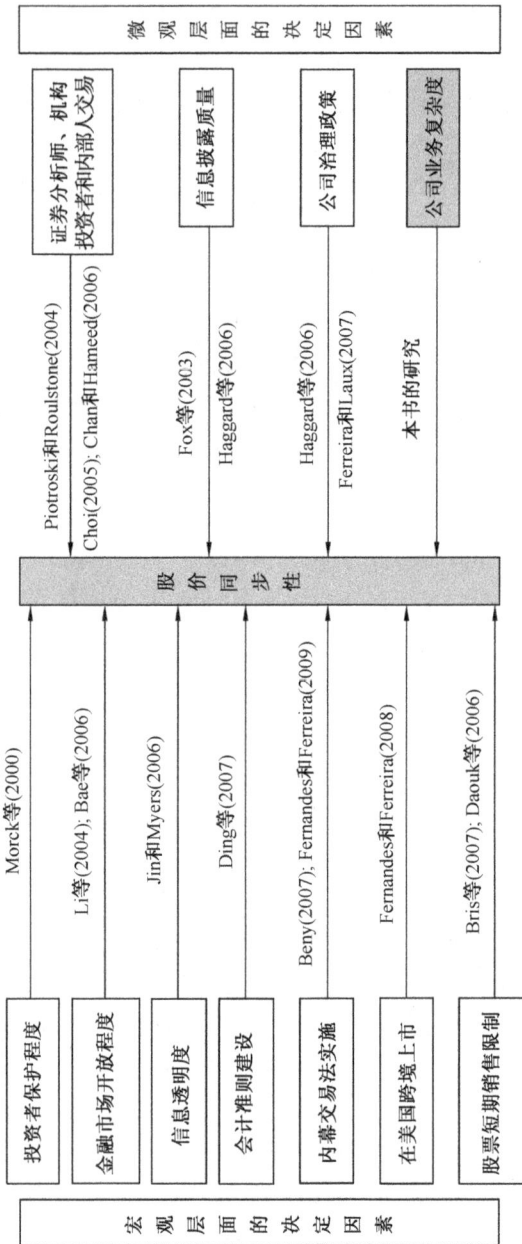

图 2.1 相关研究脉络

第 3 章　业务复杂度对股价同步性的影响

3.1　股价同步性

3.1.1　高股价同步性的后果

资本市场的基本功能是通过股票的信号机制优化资源配置的。在有效的证券市场中,股票价格能引导稀缺资本实现最大化的回报。真实反映公司经营状况的能力决定股价引导资源配置作用的大小,而股票价格反映真实信息的能力也是衡量一个国家证券市场运行效率的主要标志。成熟资本市场的股价能够更充分地反映公司的特质信息,因而具有较低的股价同步性。相反,新兴资本市场的股价更多的是受市场层面因素的影响,从而具有较高的股价同步性。

相关研究表明,高股价同步性会对公司财务、资本市场和经济政策等产生负面影响,主要体现在如下几方面:首先,股价同步性过高降低了甄别、更替较差业绩高管人员的概率,从而使得公司治理的效果受到影响(DeFond 和 Hung,2004);其次,过高股价同步性会降低资本预算的有效性,不能很好控制管理层投资不足和过度投资的倾向,因而可能导致资本预算偏离企业价值最大化轨道(Durnev等,2004);最后,过高股价同步性会导致高效率企业不能吸收到宝贵的资金,损害资本的配置效率(Wurgler,2000),进而影响经济增长和生产效率的提高(Durnev 等,2004)。此外,Jin 和 Myers(2006)发现,股价同步性越高的国家,市场崩溃的可能性越高。因此,有关股价同步性的研究是当前实务界关注的热点和学术界研究的重要课题。

3.1.2 股价同步性领域的研究重点

在股价同步性研究领域中，有以下三个主要研究问题：第一，股价同步性如何测量，即使用什么周期数据、市场态势、计量模型估计股价同步性；第二，股价同步性的决定因素是什么，即到底什么原因会导致股票价格"同涨同跌"；第三，股价同步性有什么样的经济后果。三个问题中，第二个问题是学术界争议的关键和关注的焦点。

我国证券市场历经 20 多年的发展，已经取得了很大的成效，不过与发达资本市场相比，其整体的运行效率仍存在相当大的差距，存在明显的"同涨同跌"现象。Morck 等（2000）用个别股票回报率和各国证券市场的指数收益率的拟合度作为衡量股价同步性的指标，对不同国家或地区的股票价格同步性进行了考察，发现各个国家或地区的股价同步性存在较大的差异，中国在所有的国家或地区中仅次于波兰，处于第二高的位置。

肖浩和夏新平（2011）、袁知柱和鞠晓峰（2009）、王亚平等（2009）和朱红军等（2007）的研究表明，近年来我国证券市场的股价同步性总体而言有下降的趋向，说明我国证券市场的运行效率在逐步提高。但同时也有研究发现，和其他国家或地区相比，我国证券市场的股价同步性水平仍然较高。那么，是什么原因导致我国证券市场股价波动同步性水平如此之高？又有哪些因素可以解释我国上市公司的高股价同步性呢？

通过回顾国内外有关股价决定因素的研究可以发现，众多研究集中于宏观层面，对微观层面（公司层面）的股价决定因素的研究不多，该方面已有的研究主要是分析证券分析师、机构投资者等对股价同步性的影响。显然，微观层面股价决定因素存在着很大的研究空间。因此，有必要深入思考高股价同步性产生的微观因素，并以此拓展股价同步性决定因素研究，寻找能够提高股价信息含量、提升市场运行效率的途径。

本章运用中国资本市场的数据，从上市公司业务复杂度的视角研究了其与股价同步性之间的关系。研究结果表明，业务复杂度越高，股价同步性越高；在考察不同的最终控制人的调节效应

时,本章发现民营公司中业务复杂度对特质信息传递效率的削弱
更为明显。

3.2　业务复杂度影响股价同步性的理论分析

3.2.1　业务复杂性带来特质信息传递效率的降低

根据组织理论,业务复杂性构成企业各个元素之间的差异程度,它可以通过业务单位的数量、单位之间的离散化程度及联系程度进行度量(Lawrence 和 Lorsch,1967;Dooley,2002)。

企业的多元化经营已经成为一种常态,由此产生了企业的业务复杂性。从理论上讲,多元化公司的股票价格是其业务的复杂性和范围、风险,以及这些特征对股东财富影响的函数。企业实施多元化战略将意味着其面临更为复杂的管理决策环境,而这种复杂性主要来源几个方面:① 行业多元化导致的复杂性。行业多元化导致的复杂性表现为法律及文化多样性的函数,更具体地可以表述为有差别的供应商、顾客、劳动力、管理机构和资本市场(Gomez-Mejia 和 Palich,1997)。② 企业网络。Bartlett 和 Ghoshal(1989)认为,在一个多元化环境中,发展、协调和维持组织网络的固有困难也会产生复杂性。③ 信息处理。企业业务的组合往往与销售、资产和员工的分散相连,这将使董事会,特别是管理层的信息处理过程更加困难(Daft,1993)。此外,多元化还要求管理者必须充分了解竞争对手的业务情况,以及具备企业自身跨行业经营等方面的专业知识(Sanders 和 Carpenter,1998;Nohria 和 Ghoshal,1994)。④ 企业风险。有研究表明,企业风险与多元化呈正相关关系。企业实施多元化战略,将面临较大的行业风险、政策风险和其他风险,这些在企业投资于不完善的相关市场所带来的风险中占据主导地位。

从公司多元化角度看,多元化导致的复杂性尤其值得关注。Duru 和 Reeb(2002)认为,公司多元化经营对公司价值、业务环境及人力资本风险有着重要影响。Finkelstin 和 Hambriek(1989)、

Nuru 和 Reeb(2002)也认为经营环境的复杂性随着企业经营活动的多元化而变化。

多元化程度越高,表明公司内部经营结构越复杂(Bushman 等,2004;Berry 等,2006)。首先,相对于专业化经营的公司而言,多元化运作公司的投资者很难发现与其相同的公司进行比较分析,所以难以对其经营活动做出恰当的评价(Shleifer 和 Vishny,1989);其次,公司高管更有可能借助公司内部经营的复杂性去谋取私利,导致公司内外部信息不对称程度进一步增加,其结果是降低了信息透明度(Berger 和 Ofek,1995;Aggarwal 和 Samwick,2003)。Faccio 等(2001)认为,当企业涉及的行业越多时,信息在公司内部各个部门之间、公司内部与外部投资人之间越容易发生传递效率的损失。并且,当企业经营分部增多时,内部人具有更强的掏空能力,他们利用拥有内部信息的优势,通过分部之间转移定价、提供相互担保贷款等关联交易方式谋私。并且为了掩饰其不当行为,他们具有更强的盈余操纵动机,使得投资者难以清楚获悉企业真实的财务状况和经营成果,从而降低了信息透明度。

3.2.2 业务复杂度与股价同步性关系的假设

综上所述,本章认为分部报告界定的业务复杂度对股价同步性的影响体现在以下几个方面:第一,公司的多元化程度越高业务越复杂,其投资价值越接近于市场组合,特质信息传递效率越低,股价同步性越高;第二,公司通过复杂的业务提高了信息发掘的难度,致使公司传递信息的动机不足,减少了股价中的特质信息,同样会导致高股价同步性;第三,业务复杂度为公司管理层的机会主义行为提供了便利,而机会主义行为又导致信息透明度降低,削弱了特质信息的传递效率,从而引起股价同步性的提高。据此,本章提出研究假设1。

假设1:业务复杂度与股票价格同步性呈正相关关系。

3.3 研究设计

3.3.1 样本选择与数据来源

本章以 2004—2008 年间所有的 A 股非金融类上市公司为研究样本,在删除了因变量缺失而无法检验的样本后,模型共获得了 5 498 个观测值,样本各年度的观测值数量分布见表 3.1。随后对有效观测值的所有连续变量按年度在上下 1% 的水平上缩尾(winsorize),以避免极值效应。

表 3.1 样本观测值分布

年度	2004	2005	2006	2007	2008	合计
观测值	1 015	1 110	1 059	1 106	1 208	5 498

3.3.2 股价同步性的衡量

根据 French 和 Roll(1986)、Roll(1988)、Morck 等(2000)、Durnev 等(2003)的做法,用以下回归模型的拟合系数 R^2 衡量股票价格的同步性。

$$R_{it} = \beta_0 + \beta_1 R_{mt} + \beta_2 R_{jt} + \varepsilon_{it} \tag{3.1}$$

模型中,R_{it} 为公司收益率,R_{mt} 为市场收益率,R_{jt} 为行业收益率,其中沪市和深市的市场收益率分别用两市的综合指数收益率表示。由于我国上市公司的年度财务报告在次年的前四个月披露,为了使得市场收益率与年度报告相对应,本章将每个年度的研究期间定义为该年度 5 月份第一个交易日至次年度 4 月份最后一个交易日。模型中 R^2 的经济含义是个别公司的股票价格的变动能够被市场波动解释的部分。因此,R^2 越大,表明公司股票价格包含越少的公司层面信息,其同步性越大。由于 R^2 的取值区间为 $(0,1)$,不符合最小二乘法的回归要求,为此本章参考 Morck 等(2000)的做法,对 R^2 进行如下的对数转换,得到变量 RSQ 来衡量股价同步性。

$$RSQ = \ln\left(\frac{R^2}{1-R^2}\right) \tag{3.2}$$

3.3.3 主要解释变量

3.3.3.1 经营涉及行业数（$MU1$）

目前,西方多元化的研究主要采用的是基于标准行业代码(简称 SIC 代码[①])的行业分类法。1984 年,我国国家统计局推出了《国民经济行业分类与代码》国家标准(GB/T 4754),以此作为行业分类标准。直到 1999 年前,中国证券监督管理委员会还没有强制要求上市公司披露分行业性质的信息。所以,上市公司在年报中对其主营业务的分行业介绍相当少,这使得国内学者很难进行有关上市公司多元化经营方面的研究。

1999 年,国家统计局制订了《国民经济行业分类与代码》,中国证券监督管理委员会以此为主要依据,同时借鉴联合国国际标准产业分类(ISIC)、北美行业分类体系(NAICS)的有关内容,制定了《上市公司行业分类指引(试行)》。此后,在《公开发行股票公司信息披露的内容与格式准则第二号(年度报告的内容与格式)》[②](1999 年修

---

① SIC 编码方式,是由美国国家统计局(National Bureau of Census)根据企业"产品类别"编制的行业分类代码标准,共由四位代码组成。其中,前两位代码表示一个行业部门或行业大类,如 01 代表农作物种植业,02 代表畜产品养殖业等;后两位代码代表具体的产品小类,如在 01 组中,第三位代码 1 表示的是粮食作物,而第四位代码加入后则表示具体的产品,如 0111,0112,0115,0116,0119 分别代表的是小麦、大米、玉米、大豆和其他粮食作物(林晓辉,2008)。本章借鉴 SIC 编码,对上市公司经营所涉行业进行详细梳理,再对其进行赋值,使业务复杂度的刻画具有较高的先进性、合理性和科学性;然后,直接使用上市公司披露分部数作为业务复杂度的表征,使数据保持一定的原生性;最后,去掉前人刻画业务复杂度所使用过的公司规模指标,保留了具有相对合理性的赫芬达尔指数指标,以对比新旧指标的结果,测试研究结论的稳定性。

② 我国上市公司对多元化经营信息的披露主要体现在分部报告中,分部报告披露规定的演变历程可以从以下几个方面考察。证监会对分部信息的规定:a. 1994 年以前的完全自愿披露阶段。在这期间证监会没有公布正式的定期报告内容和格式,是否披露分部信息完全取决于各上市公司,而且各公司披露分部信息的程度和范围存在很大差异。b. 1994—1995 年指导性的自愿披露阶段。1994 年 1 月,中国证监会颁布了《公开发行股票公司信息披露的内容和格式准则第二号——年度报告的内容与格式(试行)》(以下简称《准则第二号》),使上市公司的年报披露在内容与格式上得到了较大的提高。c. 1996—

订稿)中,中国证券监督管理委员会首次明确提出上市公司"按地区、产品、行业分别说明报告期内公司主营业务收入、主营业务利润的构成情况",并对"占公司主营业务收入或主营业务利润10％以上的业务经营活动及其所属行业,以及占主营业务收入或主营业务利润总额10％以上的主要产品应予介绍",主营业务及其结构较前一

接上页

1997年的半强制披露阶段。1995年12月,中国证监会发布了对《准则第二号》的第一次修订稿,在以附件形式颁布的《财务报表附注指引》中,规定了分地区、分行业资料的披露格式,要求公司按行业和地区分类提供前后两年的主营业务收入、税前利润和净资产信息,并且要求对集团内分部间的交易结果予以抵销。d. 1998年以来的严格强制披露阶段。1997年12月,证监会再次修订《准则第二号》,对分部信息的披露提出了新要求:一是只要求披露行业分部信息;二是披露的指标只规定了分部的营业收入、营业成本和营业毛利三项。1998年又进一步要求分行业资料公司的经营涉及不同行业的业务。

　　财政部对分部信息的规定:a. 财政部在1998年颁布的《股份有限公司会计制度》中,将公司分部营业利润和资产表作为会计报表的4个主要附表之一,要求多元化公司按行业和地区提供分部信息,主要包括营业收入、折扣与折让、营业成本、税金及附加、存货跌价损失、营业费用、管理费用、营业利润或亏损、资产总额、经营活动、投资活动及筹资活动各自产生的现金净流量等计13项。b. 2000年12月,财政部发布了《企业会计制度》,其中明确规定企业(含上市公司)向外提供的会计报表包括分部报表。分部报表(年报)分为业务分部和地区分部两种格式,包含营业收入(分对外营业收入和分部间营业收入)、销售成本、期间费用、营业利润、资产总额和负债总额六个项目。《企业会计制度》关于分部信息的披露,要按业务和地区两个标准划分企业分部,对于分部披露的项目也有所增加。c. 2001年11月,财政部发布《企业会计准则——中期财务报告》。其中规定,企业(含上市公司)中期会计报表附注至少应包括业务分部和地区分部的分部收入与分部利润(亏损)。同时发布《企业会计准则——分部报告》(征求意见稿),其中对业务及地区分部作了明确的定义,规定了按照主要报告形式和次要报告形式披露分部信息,并对主要和次要报告形式的披露内容及分部会计政策的披露提供了操作指南。同时规定本准则自2003年1月1日起施行。d. 2005年6月,财政部又发布了《企业会计准则——分部报告》(草案)。该草案的颁布为分部信息的披露提供了更为清晰的规定,对先前会计处理上存在的难点进行了解决。例如,本草案中对分部收入和分部费用做了更为详细的划分,认为分部收入不包括利息收入、营业外收入、处置投资形成的净收益和长期股权投资采用权益法核算时确认的在被投资单位净收益中的份额;认为分部费用不包括利息费用、营业外支出、处置投资产生的净损失、长期股权投资采用权益法核算时确认的在被投资单位亏损中的份额、所得税费用、在企业层次上发生的,与整个企业的经营相关的管理费用和其他费用。e. 2006年3月,财政部发布了《企业会计准则第35号——分部报告》,并于2007年1月1日正式施行,其内容与(草案)差别不大,但它标志着我国拥有了一套完整的分部报告的会计准则,结束了"有关分部信息披露的规定分散在证监会和财政部的一些法规和制度中"的局面。它是在广泛借鉴国外有关分部报告制度的基础上,结合我国的具体国情颁布的一个新的具体准则,与以往的相关规定相比,有着一定的创新和发展。

报告期发生较大变化的,应予以说明(林晓辉,2008)。

证监会在2001年根据实际试行情况,对《上市公司行业分类指引(试行)》进行了进一步的修改和完善,正式颁发了《上市公司行业分类指引》,并要求上市公司按照《上市公司行业分类指引》披露分行业信息。《上市公司行业分类指引》将上市公司的经济活动分为门类、大类两级,中类作为支持性分类参考。由于上市公司集中于制造业,《上市公司行业分类指引》在制造业的门类和大类之间增设辅助性类别(次类)。与指引分类对应,总体编码采用了层次编码法,类别编码采取顺序编码法:门类为单字母升序编码;制造业下次类为单字母加一位数字编码;大类为单字母加两位数字编码;中类为单字母加四位数字编码。

本章主要借鉴林晓辉(2008)的研究,以中国证券监督管理委员会制定颁布的《上市公司行业分类指引》作为划分上市公司经营所跨行业的主要依据,具体计算过程如下:

第一步:根据《上市公司行业分类指引》判断上市公司年报披露的各行业收入所属的行业大类(单字母加两位数字代码)。

第二步:对于相同的行业大类,将分项报告的主营业务收入予以合并。

3.3.3.2 赫芬达尔指数(HDI)

赫芬达尔指数计算公式为

$$HDI = \sum_{i=1}^{n} P_i^2 \tag{3.3}$$

式中,n表示企业共有n个分部,P_i表示第i个分部的销售收入占企业总销售收入的比例。业务复杂度越高,赫芬达尔指数越低。

3.3.3.3 经营涉及分部数(SEGMENTS)

分部数由上市公司分部报告中报告的分部数量确定。

3.3.3.4 业务复杂度指标计算示例

由于度量业务复杂度的指标计算过程繁杂,因此下面举例简单说明这些指标的计算过程。

从年报数据库中可获得苏州高新(600736)2008年的主营业务收入行业构成数据见表3.2。苏州高新(600736)2008年各项业务复杂度指标的具体计算过程如下。

表 3.2 苏州高新 2008 年主营业务收入行业构成

主营业务种类	营业收入/元
房地产开发	1 874 850 300
基础设施开发	926 753 200
旅游服务	127 229 500
基础设施经营	75 847 100
合计	3 004 680 100

以《上市公司行业分类指引》为依据,判断公司所报告业务归属的行业和标准行业代码,计算各项业务收入占主营业务收入总额的比重,结果见表 3.3。

表 3.3 苏州高新 2008 年主营业务收入行业比重与行业归属

报告行业	营业收入/元	比重/%	所属行业	标准代号
房地产开发	1 874 850 300	62.40	房地产开发与经营业	J01
基础设施建设	926 753 200	30.84	土木工程建筑业	E01
旅游服务	127 229 500	4.23	旅游业	K34
基础设施经营	75 847 100	2.53	土木工程建筑业	E01
合计	3 004 680 100	100		

在此例中,苏州高新 2008 年所涉及的行业数($MU1$)为 3,分部数($SEGMENTS$)为 4,赫芬达尔指数(HDI)为 0.486 9。

3.3.4 主要控制变量

$BIG4$:样本公司聘请了四大合资型事务所作为审计方取 1;否则为 0。

ROA:样本公司的总资产回报率,以"净利润/[(年初总资产＋年末总资产)/2]"计算取得。

$GROW$:样本公司主营业务收入增长率,以"本年度与上年度的收入差除以上年度收入"计算取得。

$OCFTA$:样本公司经营活动现金净流量/[(年初总资产＋年末总资产)/2]。

OP:样本公司被出具非标准审计意见取 1;否则为 0。

$LOSS$:样本公司亏损取 1;否则为 0。

SP:样本公司总资产回报率在$[0,0.01]$之间取 1;否则为 0。

$STATE$:样本公司最终控制人为国有取 1;否则为 0。

DE:样本公司资产负债率。

$SIZE$:样本公司总资产的自然对数。

变量说明见表 3.4。

表 3.4 变量说明

因变量 RSQ		衡量股价同步性,股价同步性越低表示公司的特质信息传递得越好
解释变量	$MU1$	公司收入涉及的行业数,按照证监会 13 类行业分类处理。来自于公司披露的按行业分类的收入,根据证监会行业分类进行判断
	HDI	赫芬达尔指数,由每一个分部销售额占公司总销售额的平方和计算,反映行业集中度
	$SEGMENTS$	公司涉及分部数
	$BIG4$	样本公司聘请了四大合资型事务所作为审计方取 1;否则为 0
	ROA	样本公司的总资产回报率
	$GROW$	样本公司主营业务收入增长率
	$OCFTA$	样本公司经营活动现金净流量/[(年初总资产＋年末总资产)/2]
	OP	样本公司被出具非标准审计意见取 1;否则为 0
	$LOSS$	样本公司亏损取 1;否则为 0
	SP	样本公司总资产回报率在$[0,0.01]$之间取 1;否则为 0
	$STATE$	样本公司最终控制人为国有取 1;否则为 0
	DE	样本公司资产负债率
	$SIZE$	样本公司总资产的自然对数
	$YEAR$	当处于该年度时为 1;否则为 0
	IND[①]	当处于该行业时为 1;否则为 0

① 行业分类主要参考了证监会的 13 个行业分类标准(根据需要去除了金融类行业),本书进一步对制造业进行了细分,最终研究所用行业共计 19 个。

主要控制变量的预测如下。

$BIG4$：审计质量的高低决定投资者是否能够较为方便地获取上市公司的特有信息，并有效地将这些信息迅速地融入股票价格。由四大会计师事务所[①]进行审计是保证审计质量的公认标准。由于四大会计师事务所客户资源较为丰富，依赖于某一委托者的程度较小，从而具备较高的独立性；另外，由于自身声誉和品牌的原因，会计师事务所更注重风险防范，如规避法律风险、拒绝客户不正当要求等，努力以国际统一的质量标准执业（袁知柱和鞠晓峰，2009）。因此，本章预计投资者在实行套利活动时，更偏好投资于由四大会计师事务所审计的上市公司。因此，由于四大审计的上市公司股价同步性显著低于非四大审计的上市公司的股价同步性，本章预计$BIG4$的系数为负。

ROA：表示上市公司的盈利能力。投资者的决策受上市公司盈利能力的影响很大，因而盈利能力对股价同步性有着较大影响。一般情况下，较高的ROA表明个体公司具有较高的盈利能力，偏离市场的平均盈利水平较大，从而显示出股价同步性较低。但 Hutton 等（2009）的研究结论表明，ROA与股价同步性的关系在不同的情形中结果是不一致的，因此本章无法预测ROA回归系数的符号。

$GROW$：表示上市公司的成长能力。公司成长性越高，未来的不确定程度可能越大，未来股票价格的波动程度就越大。因此，$GROW$越高股价同步性越低。王亚平等（2009）、侯宇和叶冬艳（2008）、Hutton 等（2009）和游家兴等（2006）的证据表明公司成长性与股价同步性之间负相关。因此，本章预期$GROW$的回归系数为负。

$OCFTA$：上市公司经营活动现金净流量和年初、年末总资产均值的比值越大，表明来自经营活动的现金流越大。这样未来经营活动现金流发生大幅变化的可能性加大，进而股票价格异常波动的概率也进一步加大，股票价格同步性降低。本章预计$OCFTA$的系数

---

① 即普华永道、德勤、毕马威和安永国际会计师事务所。

为负。

OP：被出具非标准审计意见的上市公司或者存在严重的不确定事项，或者公司资产质量差，或者财务报告存在虚假陈述等情况，这些都意味着上市公司隐含着巨大的非系统风险，未来的不确定性程度加大，可能导致股价同步性降低。因此，本章预计 *OP* 的系数为负。

LOSS：亏损上市公司表示目前公司经营状况不佳，未来或者扭亏为盈[①]，或者继续恶化，无论出现哪一种情况都会使得公司股价出现较大的波动，从而使得公司股价的波动大幅度偏离市场的平均水平，表现为较低的股价同步性。本章预计 *LOSS* 的系数为负。

SP：公司总资产回报率在 [0,0.01] 之间，表示上市公司处于微利状态。这种微利有的是上市公司真实经营状况的反映，但更多的可能是上司公司盈余管理的结果。因此，上市公司未来的经营状况与目前的经营状况很可能产生较大差异，从而引起公司股票价格的大幅波动，致使股价同步性较低。本章预计 *SP* 的系数为负。

STATE：由于中国上市公司大部分是由国有企业改制而来的，因而国有控股公司的股票价格走势与市场整体走势存在更多的类似性，从而股价同步性较高。李增泉（2005）、王亚平等（2009）也发现，我国国有控股公司的股价同步性较高。据此，本章预计 *STATE* 的回归系数为正。

DE：上市公司资产负债率越高财务风险也越大，预示公司未来的经营活动不确定性程度加大，从而引起股票价格波动程度的异常变化，致使股票价格远离市场的平均水平，股价同步性较低。因此，*DE* 与股价同步性负相关。Hutton 等（2009）发现资产负债率与股价同步性表现出负相关关系，但不显著。本章预计 *DE* 的系数为负。

SIZE：本章用总资产的自然对数衡量公司的规模。首先，公司规模决定公司股票对整个股票市场的影响力，公司规模越大，对股

---

① 我国证监会规定，上市公司连续两年亏损，交易所对公司股票进行特别处理，连续三年亏损，公司将暂停上市。

票市场的影响力越大,因而公司股价与市场整体走势的一致性可能性就越高;其次,公司规模越大,意味着其遭受市场操纵的可能性或程度较小,生产经营的确定性较高;最后,公司规模越大越容易受到国家宏观因素和市场层面的影响,其股价波动与市场的同步性可能越高。因此,公司规模越大,股价同步性越高。李增泉(2005)、Hutton等(2009)、侯宇和叶冬艳(2008)、王亚平等(2009)的实证证据表明,公司规模与股价同步性显著正相关。因此,本章预期 SIZE 的回归系数为正。

3.3.5　研究模型

根据研究问题,本章建立下列模型:

模型 1:

$$RSQ = \alpha + \beta_1 \times MU1 + \beta_2 \times BIG4 + \beta_3 \times ROA + \beta_4 \times GROW +$$
$$\beta_5 \times OCFTA + \beta_6 \times OP + \beta_7 \times LOSS + \beta_8 \times SP +$$
$$\beta_9 \times STATE + \beta_{10} \times DE + \beta_{11} \times SIZE +$$
$$\sum YEAR + \sum IND \tag{3.4}$$

模型 2:

$$RSQ = \alpha + \beta_1 \times HDI + \beta_2 \times BIG4 + \beta_3 \times ROA + \beta_4 \times GROW +$$
$$\beta_5 \times OCFTA + \beta_6 \times OP + \beta_7 \times LOSS + \beta_8 \times SP +$$
$$\beta_9 \times STATE + \beta_{10} \times DE + \beta_{11} \times SIZE +$$
$$\sum YEAR + \sum IND \tag{3.5}$$

模型 3:

$$RSQ = \alpha + \beta_1 \times SEGMENTS + \beta_2 \times BIG4 + \beta_3 \times ROA +$$
$$\beta_4 \times GROW + \beta_5 \times OCFTA + \beta_6 \times OP +$$
$$\beta_7 \times LOSS + \beta_8 \times SP + \beta_9 \times STATE + \beta_{10} \times DE +$$
$$\beta_{11} \times SIZE + \sum YEAR + \sum IND \tag{3.6}$$

根据假设 1,本章预计模型 1 中 $MU1$、模型 3 中 $SEGMENTS$ 的系数 β_1 显著为正,模型 2 中 HDI 的系数 β_1 显著为负。

3.4 实证分析

3.4.1 业务复杂度的描述性统计

模型所使用变量的标准差、最小值、最大值、中位数和均值见表3.5。

表 3.5 变量描述性统计

变量	样本量	标准差	最小值	最大值	中位数	均值
RSQ	5 498	0.724	−3.179	1.362	−0.326	−0.401
MU1	5 498	1.103	1.000	8.000	2.000	1.984
HDI	5 498	0.273	0.156	2.096	0.557	0.619
SEGMENTS	5 498	2.414	1.000	15.000	4.000	4.187
BIG4	5 498	0.243	0.000	1.000	0.000	0.063
ROA	5 498	0.082	−0.440	0.263	0.025	0.020
GROW	5 498	0.661	−0.843	7.670	0.152	0.240
OCFTA	5 498	0.086	−0.245	0.325	0.053	0.040
OP	5 498	0.283	0.000	1.000	0.000	0.088
LOSS	5 498	0.349	0.000	1.000	0.000	0.142
SP	5 498	0.356	0.000	1.000	0.000	0.148
STATE	5 498	0.476	0.000	1.000	1.000	0.655
DE	5 498	0.251	0.073	2.271	0.526	0.533
SIZE	5 498	1.070	18.757	25.250	21.270	21.364

RSQ：衡量股价同步性。股价同步性越低，代表公司的特质信息传递得越好。

MU1：公司收入涉及的行业数，按照证监会13类行业分类处理。对来自公司披露的按行业分类的收入，根据证监会行业分类进行判断。

HDI：赫芬达尔指数，由每一个分部销售额占公司总销售额的平方和计算。

SEGMENTS：分部报告确定的分部数。

BIG4：样本公司聘请了四大合资型事务所作为审计方取1；否则为0。

ROA：样本公司的总资产回报率。

GROW：样本公司主营业务收入增长率。

OCFTA：样本公司经营活动现金净流量/[（年初总资产＋年末总资产）/2]。

OP：样本公司被出具非标准审计意见取1；否则为0。

LOSS：样本公司亏损取1；否则为0。

SP:样本公司总资产回报率在$[0,0.01]$之间取 1;否则为 0。

$STATE$:样本公司最终控制人为国有取 1;否则为 0①。

DE:样本公司的资产负债率。

$SIZE$:样本公司总资产的自然对数。

从表中可以发现,我国上市公司经营涉及行业数($MU1$)最多的达到 8 个,最少的 1 个,中位数和均值为 2 个,说明我国上市公司存在以下现象:一是大多数上市公司存在多元化经营,二是跨行业经营情况差异较大;分部数($SEGMENTS$)最大值达到 15 个,最小值为 1 个,均值 4.187 个,中位数达到 4 个,说明我国上市公司跨分部经营较为普遍。赫芬达尔指数(HDI)的最大值为 2.096,最小值为 0.156,平均值为 0.619,中位数为 0.557,同样表明我国上市公司多元化经营现象较为普遍。

$BIG4$ 相关数据表明,经四大会计师事务所审计的上市公司为 346 家,占所有研究样本的 6.3%,说明四大会计师事务所在我国上市公司的业务份额较小,绝大部分审计业务为国内会计师事务所持有。

样本公司总资产回报率(ROA)相关数据表明,ROA 最大值达到 26.3%,最小值为 −44.0%,两者相差甚大。ROA 均值为 2.0%,表明样本公司在这一指标上差异较大。

样本公司主营业务收入增长率($GROW$)最大值为 767%,最小值为 −84.3%,均值也达到了 24%。这说明就总体而言,个体公司间业务收入增长率差异较大,但同时又是不断增长的。

样本公司经营活动现金净流量/[(年初总资产+年末总资产)/2]($OCFTA$)最大值为 32.5%,最小值为 −24.5%,均值为 4%,显示了较为正常的现金流状况。

---

①　最终控制人的判定由年报中披露的控股股权结构信息提供,发生控制权变更的少量样本经过了判定,其中国有性质包括中央部委、全国行业总公司、地方政府部门、国有资产管理局、国有资本经营公司、国有独资企业和国有控股公司,非国有包括乡镇集体企业、行政事业单位、外企和民营企业。

OP① 的描述性统计数据表明,有 484 家样本公司被出具非标准审计意见,占样本总数的 8.8%。

$LOSS$ 的描述性统计数据表明,有 781 家样本公司亏损,占样本总数的 14.2%。

SP 的描述性统计数据表明,有 814 家样本公司总资产回报率在 $[0, 0.01]$ 之间,占样本总数的 14.8%。

$STATE$ 的平均数为 65.5%,表明我国近三分之二上市公司的最终控制人性质仍为国有性质,这也是我国股市的特征之一。

样本公司的资产负债率(DE)的最大值达到了 2.271,严重地资不抵债,这样的公司还能够生存下来也显示了我国与国外判别公司破产标准的不同;DE 的最小值仅为 7.3%,资产负债率相当低,均值为53.3%,总体而言,负债水平不是很高。

样本公司股票价格同步性的分布情况见表 3.6。

表 3.6　股价同步性分布情况

	样本量	均值	中位数
Panel A:总体	5 498	41.36	41.90
Panel B:按年度分类			
2004	1 015	40.06	41.96
2005	1 110	39.72	41.16
2006	1 059	29.84	30.55
2007	1 106	38.42	40.27
2008	1 208	56.75	58.98
Panel C:按行业分类			
农、林、牧、渔业	119	40.58	41.72
采掘业	119	41.92	41.72
食品加工和制造业	257	37.24	37.88
纺织、服装和皮毛制造业	219	40.97	42.66
纸、印刷和文教体育用品制造业	136	43.39	44.16

---

① $BIG4$ 是从审计师的角度考察审计质量,OP 是从审计意见的角度考察审计质量,后面的叙述显示两者间的相关系数为 0.038,因此同时放入模型不会影响实证结果。

续表

	样本量	均值	中位数
石油、化学和塑胶制造业	561	41.58	42.00
电子制造业	192	45.79	46.49
金属和非金属矿物制品业	460	43.88	44.42
机械设备、仪器制造业	790	41.39	41.29
医药和生物药品制造业	379	38.25	39.22
其他制造业	254	45.87	46.26
电力、煤气及水的生产和供应业	104	47.94	48.02
建筑业	218	45.02	45.08
交通运输和仓储业	328	41.40	42.31
通信和计算机运用服务业	425	33.97	39.23
批发和零售贸易业	416	38.48	38.80
房地产开发和经营业	176	40.80	41.67
社会服务业	58	39.09	40.23
综合类	287	40.36	41.65

Panel A 表明,从均值(中位数)来看,2004—2008 年我国上市公司股票价格收益率的 41.36%(41.90%)能够由市场收益率予以解释,远高于其他国家[1]。

Panel B 表明,不同年度股价同步性也表现出差异性。2006 年最低,均值和中位数分别是 29.84% 和 30.55%;2008 年最高,均值和中位数分别是 56.75% 和 58.98%,这可能和当时的股市表现有关。2007 年 10 月 16 日,A 股上证综指在经历两年多的奋勇前进之后,终于攀登上了 6 124 点的顶峰。随后一路大跌,2008 年跌至最低点 1 664 点,悲观气氛笼罩在整个资本市场,人们突然对股市失去了信心,不再关注公司的特质信息,个股和大盘随波逐流,股价同步性高也就不足为怪。

从 Panel C 来看,行业之间的差异并不明显。按照均值看,排在前两位的是电力、煤气及水的生产和供应业以及电子制造业,均值

---

[1] 在 Morck 等(2000)的研究中考察了 40 多个国家和地区,只有 10% 的国家股价同步性超过 40%,有 30% 的国家股价同步性低于 10%。其中,中国股票市场"同涨同跌"问题严重,股价同步性位列世界第二,仅次于波兰。

分别为47.94％和45.79％（中位数为48.02％,46.69％）；最低的两位是通信和计算机运用服务业、食品加工和制造业，均值分别为33.97％和37.24％（中位数为39.23％和37.88％）。

表3.7～表3.9列示了样本公司业务复杂度的分布情况。

表3.7　样本公司业务复杂度(*MU*1)分布情况

	样本量	均值	中位数
Panel A:总体	5 498		
Panel B:按年度分类			
2004	1 015	2.27	3.00
2005	1 110	2.22	2.00
2006	1 059	1.87	2.00
2007	1 106	1.85	2.00
2008	1 208	1.84	2.00
Panel C:按行业分类			
农、林、牧、渔业	119	2.61	3.00
采掘业	119	2.26	2.00
食品加工和制造业	257	1.95	2.00
纺织、服装和皮毛制造业	219	1.95	2.00
纸、印刷和文教体育用品制造业	136	1.63	1.00
石油、化学和塑胶制造业	561	1.65	1.00
电子制造业	192	1.77	1.00
金属和非金属矿物制品业	460	1.59	1.00
机械设备、仪器制造业	790	1.63	1.00
医药和生物药品制造业	379	1.86	2.00
其他制造业	254	2.17	2.00
电力、煤气及水的生产和供应业	104	2.63	3.00
建筑业	218	1.99	2.00
交通运输和仓储业	328	2.01	2.00
通信和计算机运用服务业	425	2.33	2.00
批发和零售贸易业	416	2.25	2.00
房地产开发和经营业	176	2.46	2.00
社会服务业	58	2.66	2.00
综合类	287	2.96	3.00

表 3.8　样本公司业务复杂度（HDI）分布情况

	样本量	均值	中位数
Panel A：总体	5 498		
Panel B：按年度分类			
2004	1 015	0.67	0.62
2005	1 110	0.69	0.65
2006	1 059	0.68	0.69
2007	1 106	0.48	0.42
2008	1 208	0.58	0.51
Panel C：按行业分类			
农、林、牧、渔业	119	0.50	0.44
采掘业	119	0.65	0.59
食品加工和制造业	257	0.66	0.64
纺织、服装和皮毛制造业	219	0.54	0.51
纸、印刷和文教体育用品制造业	136	0.59	0.52
石油、化学和塑胶制造业	561	0.57	0.51
电子制造业	192	0.62	0.57
金属和非金属矿物制品业	460	0.62	0.57
机械设备、仪器制造业	790	0.64	0.59
医药和生物药品制造业	379	0.60	0.53
其他制造业	254	0.68	0.66
电力、煤气及水的生产和供应业	104	0.60	0.54
建筑业	218	0.70	0.74
交通运输和仓储业	328	0.57	0.52
通信和计算机运用服务业	425	0.69	0.71
批发和零售贸易业	416	0.67	0.64
房地产开发和经营业	176	0.55	0.50
社会服务业	58	0.55	0.50
综合类	287	0.56	0.52

表 3.9　样本公司业务复杂度(*SEGMENTS*)分布情况

	样本量	均值	中位数
Panel A:总体	5 498		
Panel B:按年度分类			
2004	1 015	3.99	4.00
2005	1 110	4.00	4.00
2006	1 059	3.56	3.00
2007	1 106	5.07	5.00
2008	1 208	4.26	4.00
Panel C:按行业分类			
农、林、牧、渔业	119	5.77	5.00
采掘业	119	4.36	4.00
食品加工和制造业	257	3.99	4.00
纺织、服装和皮毛制造业	219	4.80	4.00
纸、印刷和文教体育用品制造业	136	4.56	4.00
石油、化学和塑胶制造业	561	4.57	4.00
电子制造业	192	3.98	3.00
金属和非金属矿物制品业	460	4.39	4.00
机械设备、仪器制造业	790	4.29	4.00
医药和生物药品制造业	379	3.82	4.00
其他制造业	254	3.34	3.00
电力、煤气及水的生产和供应业	104	5.00	4.00
建筑业	218	3.27	3.00
交通运输和仓储业	328	4.05	4.00
通信和计算机运用服务业	425	3.80	3.00
批发和零售贸易业	416	3.91	3.00
房地产开发和经营业	176	4.33	4.00
社会服务业	58	4.22	4.00
综合类	287	4.45	4.00

　　在表 3.7 中,Panel B 表明样本公司经营涉及行业数逐年下降,是"归核化"经营思路的具体体现。Panel C 表明,电力、煤气及水的生产和供应业,社会服务业,综合类和农、林、牧、渔业经营涉及行业较多。金属和非金属矿物制品业,机械设备、仪器制造业,纸、印刷和文教体育用品制造业经营涉及行业较少。

　　在表 3.9 中,Panel B 表明样本公司经营涉及分部数在各个年份的变化是不同的。2006 年涉及分部数最低,为 3.56 个;2007 年分部数最高,为 5.07 个,显示出我国上市公司在经营上的不稳定性。Panel C 表明,农、林、牧、渔业,电力、煤气及水的生产和供应业所涉及的分部数较多,均在 5 个以上;建筑业、其他制造业所涉及的分部数较少,在 3 个左右。

3.4.2　变量相关性分析

　　表 3.10～表 3.12 列出了样本公司特征变量的相关性分析结果。总体而言,表征业务复杂度的变量与被解释变量之间具有较好的相关性,其他控制变量与被解释变量之间也具有高度相关性,这为后面的多元分析打下了基础。

表3.10 相关系数表(解释变量为MU1)

变量	RSQ	MU1	BIG4	ROA	GROW	OCFTA	OP	LOSS	SP	STATE	DE	SIZE
RSQ		0.007	0.020	0.050***	-0.030**	-0.008	-0.198***	-0.101***	-0.030**	0.067***	-0.164***	0.232***
MU1	0.015		-0.032**	-0.106***	-0.008	-0.058***	0.017	0.026*	0.051***	0.017	0.099***	0.079***
BIG4	0.031**	-0.042***		0.135***	0.028**	0.092***	-0.038***	-0.050***	-0.066***	0.094***	-0.048***	0.264***
ROA	0.120***	-0.055***	0.096***		0.352***	0.372***	-0.335***	-0.601**	-0.404***	-0.002	-0.392***	0.206***
GROW	-0.085***	0.006	0.003	0.233***		0.180***	-0.218***	-0.294***	-0.092***	0.044***	-0.007	0.169***
OCFTA	-0.014	-0.045***	0.075***	0.316***	0.123***		-0.172***	-0.232***	-0.113***	0.083***	-0.159***	0.152***
OP	-0.232***	0.011	-0.038***	-0.490***	-0.126***	-0.151***		0.431***	0.003	-0.113***	0.278***	-0.203***
LOSS	-0.112***	0.02	-0.050***	-0.713***	-0.181***	-0.205***	0.431***		-0.170***	-0.056***	0.269***	-0.200***
SP	-0.030**	0.065***	-0.066***	-0.076***	-0.058***	-0.090***	0.003	-0.170***		0.044***	0.072***	-0.067***
STATE	0.083***	0.016	0.094***	0.056***	-0.016	0.079***	-0113***	-0.056***	0.044***		-0.011	0.284***
DE	-0.260***	0.065***	-0.051***	-0.512***	-0.018	-0.162***	0.437***	0.343***	0.031**	-0.054***		0.166***
SIZE	0.268***	0.068***	0.337***	0.251***	0.073***	0.129***	-0.214***	-0.196***	-0.073***	0.287***	-0.003	

注:表的右上部分为 Spearman 相关系数,左下部分为 Pearson 相关系数。*** 表示 p 在 0.01 水平差异显著,** 表示 p 在 0.05 水平差异显著,* 表示 p 在 0.10 水平差异显著。

表 3.11　相关系数表(解释变量为 HDI)

变量	RSQ	HDI	BIG4	ROA	GROW	OCFTA	OP	LOSS	SP	STATE	DE	SIZE
RSQ		−0.116***	0.020	0.050***	−0.030**	−0.008	−0.198***	−0.101***	−0.030**	0.067***	−0.164***	0.232***
HDI	−0.199***		0.028**	−0.045***	−0.060***	0.038**	0.057***	0.053***	0.011	0.014	0.029**	−0.052***
BIG4	0.031**	0.030**		0.135***	0.028**	0.092***	−0.038***	−0.050***	−0.066***	0.094***	−0.048***	0.264***
ROA	0.123***	−0.050***	0.096***		0.352***	0.372***	−0.335***	−0.601***	−0.404***	−0.003	−0.392***	0.206***
GROW	−0.035***	−0.01	0.003	0.233***		0.180***	−0.218***	−0.294***	−0.092***	0.044***	−0.007	0.169***
OCFTA	−0.014	0.031*	0.075***	0.316***	0.123***		−0.172***	−0.232***	−0.113***	0.083***	−0.159***	0.152***
OP	−0.232***	0.046***	−0.038***	−0.490***	−0.126***	−0.151***		0.431***	0.003	−0.113***	0.278***	−0.203***
LOSS	−0.112***	0.051***	−0.050***	−0.713***	−0.181***	−0.205***	0.431***		−0.170***	−0.056***	0.269***	−0.200***
SP	−0.030**	0.008	−0.066***	−0.076***	−0.058***	−0.091***	0.003	−0.170***		0.044***	0.072***	−0.067***
STATE	0.083***	0.005	0.094***	0.056***	−0.017	0.079***	−0.113***	−0.056***	0.044***		−0.011	0.284***
DE	−0.250***	0.048***	−0.051***	−0.512***	−0.018	−0.162***	0.437***	0.343***	0.031**	−0.054***		0.166***
SIZE	0.263***	−0.032**	0.337***	0.251***	0.073***	0.129***	−0.214***	−0.196***	−0.072***	0.287***	−0.003	

注:表的右上部分为 Spearman 相关系数,左下部分为 Pearson 相关系数。*** 表示 p 在 0.01 水平差异显著,** 表示 p 在 0.05 水平差异显著,* 表示 p 在 0.10 水平差异显著。

表 3.12　相关系数表(解释变量为 SEGMENTS)

变量	RSQ	SEGMENTS	BIG4	ROA	GROW	OCFTA	OP	LOSS	SP	STATE	DE	SIZE
RSQ		0.103***	0.020	0.050***	−0.030**	−0.008	−0.198***	−0.101***	−0.030**	0.067***	−0.164***	0.232***
SEGMENTS	0.096***		−0.028**	−0.026*	0.075***	−0.022	−0.078***	−0.053***	−0.003	−0.003	0.044***	0.148***
BIG4	0.031**	−0.016		0.135***	0.028**	0.092***	−0.038***	−0.050***	−0.066***	0.094***	−0.048***	0.264***
ROA	0.120***	0.059***	0.096***		0.352***	0.372***	−0.335***	−0.601***	−0.404***	−0.003	−0.392***	0.206***
GROW	−0.085***	0.050***	0.003	0.233***		0.180***	−0.218***	−0.294***	−0.092***	0.044***	−0.007	0.169***
OCFTA	−0.014	−0.01	0.075***	0.320***	0.123***		−0.172***	−0.232***	−0.113***	0.083***	−0.159***	0.152***
OP	−0.232***	−0.074***	−0.038***	−0.490***	−0.126***	−0.151***		0.431***	0.003	−0.113***	0.278***	−0.203***
LOSS	−0.112***	−0.057***	−0.050***	−0.713***	−0.181***	−0.205***	0.431***		−0.170***	−0.056***	0.269***	−0.200***
SP	−0.030***	−0.007	−0.066***	−0.076***	−0.058***	−0.091***	0.003	−0.170***		0.044***	0.072***	−0.067***
STATE	0.083***	0.001	0.094***	0.056***	−0.017	0.079***	−0113***	−0.056***	0.044***		−0.011	0.284***
DE	−0.260***	0.002	−0.051***	−0.512***	−0.018	−0.162***	0.437***	0.343***	0.031**	−0.054***		0.166***
SIZE	0.268***	0.141***	0.337***	0.251***	0.073***	0.129***	−0.214***	−0.196***	−0.072***	0.287***	−0.003	

注:表的右上部分为 Spearman 相关系数,左下部分为 Pearson 相关系数。*** 表示 p 在 0.01 水平差异显著,** 表示 p 在 0.05 水平差异显著,* 表示 p 在 0.10 水平差异显著。

3.4.3　回归结果

表 3.13 列出了回归结果,其中,被解释变量是股价同步性 (RSQ)。模型中 MU1 的回归系数为正,显著性水平为 5%; SEGMENTS 的回归系数为正,显著性水平为 1%;HDI 的回归系数为负[①],显著性水平为 1%,表明业务复杂度与股价同步性显著正相关,即公司业务复杂度越高,股价同步性越高,故假设 1 得到了很好的验证。

其他变量方面,BIG4 的回归系数在 1% 水平上显著为负,表明由四大会计师事务所审计的公司股价同步性要低于非四大会计师事务所审计的公司股价同步性;ROA 的回归系数在 1% 水平上显著为负,表明公司总资产回报率越高,股价同步性越低;GROW 的回归系数在 1% 水平上显著为负,表明公司收入的增长率越高,股价同步性越低;OCFTA 的回归系数在 1% 水平上显著为负,表明公司经营活动现金净流量占总资产比例越高,股价同步性越低;OP 的回归系数在 1% 水平上显著为负,表明被出具非标准审计意见公司的股价同步性要低于被出具标准审计意见的公司的股价同步性;LOSS 的回归系数在 1% 水平上显著为负,表明亏损公司的股价同步性要低于非亏损公司的股价同步性;SP 的回归系数在 1% 水平上显著为负,表明微利公司的股价同步性要低于非微利公司的股价同步性;STATE 的回归系数为正,但不显著;DE 的回归系数显著为负,表明公司资产负债率越高,股价同步性越低;SIZE 的回归系数在 1% 水平上显著为正,表明公司规模越大,股价同步性越高[②]。

---

　　①　根据前面的分析,赫芬达尔指数(HDI)越大,业务复杂度越低;赫芬达尔指数 (HDI)越小,业务复杂度越高。所以,HDI 与股价同步性负相关,表明业务复杂度与股价同步性正相关。

　　②　本章也使用样本公司"(年初流通股股数＋年末流通股股数)/2"表征公司规模,放入模型后回归结果显示上述结果没有实质性变化。

3.5 进一步分析：不同最终控制人的影响

3.5.1 最终控制人的调节作用

国有股比例较高是中国上市公司的一个基本特征，一方面，国有上市公司存在所有权缺位、委托代理成本较高的问题；另一方面，国有企业已成为政治家寻租的重要对象(Shleifer 和 Vishny,1998)。因此，除价值最大化目标外，国有企业要比私有企业承担更多的社会责任，譬如社会福利、政治诉求等。这导致了公司价值降低，外部投资者利益受损。另外，国有企业中普遍存在的预算软约束也会降低公司现有信息对未来价值的反映。因此，一般认为国有控股上市公司的股价同步性较非国有控股上市公司的股价同步性高。但这些研究均未考虑企业业务复杂度的背景(游家兴,2007;王亚平 等,2009)。业务复杂背景下，民营公司可能会借此有意无意地隐瞒信息而达到自己的目的。李增泉等(2011)的研究表明，民营上市公司与其子公司之间将采用更多的关系型交易，由此导致上市公司缺乏向外公开披露高质量信息的动机，使得公司不透明。同时，关系型交易的特征使得外部投资者在解读上市公司信息时更为困难，这些都削弱了公司特质信息的传递，导致公司股价同步性提高。据此，本章提出假设 2。

假设 2：民营公司相对于国有公司，其业务复杂度对特质信息传递效率的削弱更为明显。

3.5.2 样本检验

3.5.2.1 混合样本检验

检验模型如下。

模型 4：

$$RSQ = \alpha + \beta_1 \times MU1 + \beta_2 \times BIG4 + \beta_3 \times ROA + \beta_4 \times GROW +$$
$$\beta_5 \times OCFTA + \beta_6 \times OP + \beta_7 \times LOSS + \beta_8 \times SP +$$
$$\beta_9 \times STATE + \beta_{10} \times STATE\_MU1 + \beta_{11} \times DE +$$
$$\beta_{12} \times SIZE + \sum YEAR + \sum IND \qquad (3.7)$$

模型 5：

$$RSQ = \alpha + \beta_1 \times HDI + \beta_2 \times BIG4 + \beta_3 \times ROA + \beta_4 \times GROW +$$
$$\beta_5 \times OCFTA + \beta_6 \times OP + \beta_7 \times LOSS + \beta_8 \times SP +$$
$$\beta_9 \times STATE + \beta_{10} \times STATE\_HDI + \beta_{11} \times DE +$$
$$\beta_{12} \times SIZE + \sum YEAR + \sum IND \qquad (3.8)$$

模型 6：

$$RSQ = \alpha + \beta_1 \times SEGMENTS + \beta_2 \times BIG4 + \beta_3 \times ROA +$$
$$\beta_4 \times GROW + \beta_5 \times OCFTA + \beta_6 \times OP + \beta_7 \times LOSS +$$
$$\beta_8 \times SP + \beta_9 \times STATE + \beta_{10} \times STATE\_SEGMENTS +$$
$$\beta_{11} \times DE + \beta_{12} \times SIZE + \sum YEAR + \sum IND \qquad (3.9)$$

业务复杂度对股价同步性影响的回归见表 3.13。

表 3.13　业务复杂度对股价同步性的影响

	模型 1		模型 2		模型 3	
	回归系数	p 值	回归系数	p 值	回归系数	p 值
截距项	−3.503 0	0.000 1	−3.426 0	0.000 1	−3.480 0	0.000 1
MU1	0.015 0	0.014 9				
HDI			−0.101 0	0.000 2		
SEGMENTS					0.009 0	0.003 1
BIG4	−0.186 0	0.000 1	−0.188 0	0.000 1	−0.186 0	0.000 1
ROA	−1.495 0	0.000 1	−1.488 0	0.000 1	−1.497 0	0.000 1
GROW	−0.080 0	0.000 1	−0.080 0	0.000 1	−0.081 0	0.000 1
OCFTA	−0.403 0	0.000 1	−0.400 0	0.000 1	−0.405 0	0.000 1
OP	−0.240 0	0.000 1	−0.254 0	0.000 1	−0.252 0	0.000 1
LOSS	−0.253 0	0.000 1	−0.233 0	0.000 1	−0.237 0	0.000 1
SP	−0.061 0	0.004 9	−0.059 0	0.006 3	−0.059 0	0.006 2

续表

	模型 1		模型 2		模型 3	
	回归系数	p 值	回归系数	p 值	回归系数	p 值
STATE	0.012 0	0.467 4	0.010 0	0.539 2	0.012 0	0.461 1
DE	−0.750 0	0.000 1	−0.743 0	0.000 1	−0.749 0	0.000 1
SIZE	0.165 0	0.000 1	0.166 0	0.000 1	0.164 0	0.000 1
年度效应	已控制		已控制		已控制	
行业效应	已控制		已控制		已控制	
样本量			5 498			
F 值	148.19***		148.63***		148.31***	
R^2	0.472 3		0.473 0		0.472 5	

RSQ:衡量股价同步性。股价同步性越低,代表公司的特质信息传递得越好。

*MU*1:公司收入涉及的行业数,按照证监会 13 类行业分类处理。来自于公司披露的按行业分类的收入,根据证监会行业分类进行判断。

HDI:赫芬达尔指数,由每一个分部销售额占公司总销售额的平方和计算。

SEGMENTS:分部报告确定的分部数。

*BIG*4:样本公司聘请了四大合资型事务所作为审计方取 1;否则为 0。

ROA:样本公司的总资产回报率。

GROW:样本公司主营业务收入增长率。

OCFTA:样本公司经营活动现金净流量/[(年初总资产+年末总资产)/2]。

OP:样本公司被出具非标准审计意见取 1;否则为 0。

LOSS:样本公司亏损取 1;否则为 0。

SP:样本公司总资产回报率在[0,0.01]之间取 1;否则为 0。

STATE:样本公司最终控制人为国有取 1;否则为 0。

DE:样本公司的资产负债率。

SIZE:样本公司总资产的自然对数。

注:模型为根据公司代码和年度两维 cluster 处理后的结果,模型同时控制了行业和年度的影响,限于篇幅,省去了年度和行业虚拟变量的系数。

β_{10} 表示最终控制人性质对股价同步性与业务复杂度之间关系的额外作用,如果业务复杂度以 *MU*1 和 *SEGMENTS* 表征,当 β_{10} 显著为正时,则表明对国有上市公司而言,企业业务复杂度与股价同步性的正向关系越强(负向关系越弱);当 β_{10} 显著为负时,则表明

对国有上市公司而言,股价同步性与业务复杂度的正向关系越弱
(负向关系越强)。如果业务复杂度以 HDI 表征,当 β_{10} 显著为正时,
表明对国有上市公司而言,企业业务复杂度与股价同步性的正向关
系越弱(负向关系越强);当 β_{10} 显著为负时,则表明对国有上市公司
而言,股价同步性与业务复杂度的正向关系越强(负向关系越弱)。
根据本章假设 2,预计 $MU1$ 和 $SEGMENTS$ 的系数 β_{10} 的符号为负,
HDI 的系数 β_{10} 符号为正,检验结果见表 3.14。

表 3.14　最终控制人对业务复杂度与股价同步性关系的影响

	模型 4		模型 5		模型 6	
	回归系数	p 值	回归系数	p 值	回归系数	p 值
截距项	−3.513 0	0.000 1	−3.496 0	0.000 1	−3.484 0	0.000 1
$MU1$	0.032 0	0.003 8				
HDI			−0.017 2	0.006 9		
$SEGMENTS$					0.011 0	0.026 1
$BIG4$	−0.186 0	0.000 1	−0.187 0	0.000 1	−0.186 0	0.000 1
ROA	−1.500 0	0.000 1	−1.478 0	0.000 1	−1.501 0	0.000 1
$GROW$	−0.080 0	0.000 1	−0.081 0	0.000 1	−0.080 0	0.000 1
$OCFTA$	−0.405 0	0.000 1	−0.397 0	0.000 1	−0.406 0	0.000 1
OP	−0.253 0	0.000 1	−0.253 0	0.000 1	−0.251 0	0.000 1
$LOSS$	−0.239 0	0.000 1	−0.233 0	0.000 1	−0.237 0	0.000 1
SP	−0.062 0	0.004 3	−0.058 0	0.006 8	−0.059 0	0.006 1
$STATE$	0.060 0	0.059 1	0.092 0	0.010 8	0.029 4	0.363 4
$STATE\_MU1$	−0.024 0	0.069 3				
$STATE\_HDI$			0.134 0	0.012 8		
$STATE\_SEGMENTS$					−0.004 0	0.050 4
DE	−0.752 0	0.000 1	−0.746 0	0.000 1	−0.749 0	0.000 1
$SIZE$	0.164 0	0.000 1	0.167 1	0.000 1	0.163 0	0.000 1
年度效应	已控制		已控制		已控制	

	模型 4		模型 5		模型 6	
	回归系数	p 值	回归系数	p 值	回归系数	p 值
行业效应	已控制		已控制		已控制	
样本量			5 498			
F 值	143.97***		144.57***		143.95***	
R^2	0.472 6		0.473 6		0.472 5	

RSQ：衡量股价同步性。股价同步性越低，代表公司的特质信息传递得越好。

*MU*1：公司收入涉及的行业数，按照证监会 13 类行业分类处理。来自于公司披露的按行业分类的收入，根据证监会行业分类进行判断。

HDI：赫芬达尔指数，由每一个分部销售额占公司总销售额的平方和计算。

SEGMENTS：分部报告确定的分部数。

BIG4：样本公司聘请了四大合资型事务所作为审计方取 1；否则为 0。

ROA：样本公司的总资产回报率。

GROW：样本公司主营业务收入增长率。

OCFTA：样本公司经营活动现金净流量/［（年初总资产＋年末总资产）/2］。

OP：样本公司被出具非标准审计意见取 1；否则为 0。

LOSS：样本公司亏损则取 1；否则为 0。

SP：样本公司总资产回报率在［0,0.01］之间取 1；否则为 0。

DE：样本公司的资产负债率。

STATE：样本公司最终控制人为国有取 1；否则为 0。

SIZE：样本公司总资产的自然对数。

检验结果表明，*STATE_MU*1 的系数 β_{10} 显著为负，表示国有公司相对于民营公司而言，其业务复杂度与股价同步性的正相关关系被削弱。也就是说，相对于国有公司而言，民营公司的业务复杂度对特质信息传递效率的削弱更为明显，即业务复杂度与股价同步性的正相关关系更强。由此，假设 2 得到了支持。

控制变量方面，*BIG4* 的回归系数在 1％水平上显著为负，表明由四大会计师事务所审计的公司股价同步性要低于非四大会计师事务所审计的公司股价同步性；*ROA* 的回归系数在 1％水平上显著为负，表明公司总资产回报率越高，股价同步性越低；*GROW* 的回归系数在 1％水平上显著为负，表明公司收入的增长率越高，股价同步性越低；

$OCFTA$ 的回归系数在 1% 水平上显著为负,表明公司经营活动现金净流量占总资产比例越高,股价同步性越低;OP 的回归系数在 1% 水平上显著为负,表明被出具非标准审计意见公司的股价同步性要低于被出具标准审计意见的公司的股价同步性;$LOSS$ 的回归系数在 1% 水平上显著为负,表明亏损公司的股价同步性要低于非亏损公司的股价同步性;SP 的回归系数在 1% 水平上显著为负,表明微利公司的股价同步性要低于非微利公司的股价同步性;DE 的回归系数显著为负,表明公司资产负债率越高,股价同步性越低;$SIZE$ 的回归系数在 1% 水平上显著为正,表明公司规模越大,股价同步性越高。

3.5.2.2　分组检验

为了检验结果的稳定性,本章将所有样本分为国有组样本和民营组样本两组,分别进行检验,检验模型见模型 7、模型 8 和模型 9[①],检验结果见表 3.15 和表 3.16。

模型 7:

$$RSQ = \alpha + \beta_1 \times MU1 + \beta_2 \times BIG4 + \beta_3 \times ROA + \beta_4 \times GROW +$$
$$\beta_5 \times OCFTA + \beta_6 \times OP + \beta_7 \times LOSS + \beta_8 \times SP +$$
$$\beta_9 \times DE + \beta_{10} \times SIZE + \sum YEAR + \sum IND \quad (3.10)$$

模型 8:

$$RSQ = \alpha + \beta_1 \times HDI + \beta_2 \times BIG4 + \beta_3 \times ROA + \beta_4 \times GROW +$$
$$\beta_5 \times OCFTA + \beta_6 \times OP + \beta_7 \times LOSS + \beta_8 \times SP +$$
$$\beta_9 \times DE + \beta_{10} \times SIZE + \sum YEAR + \sum IND \quad (3.11)$$

模型 9:

$$RSQ = \alpha + \beta_1 \times SEGMENTS + \beta_2 \times BIG4 + \beta_3 \times ROA +$$
$$\beta_4 \times GROW + \beta_5 \times OCFTA + \beta_6 \times OP + \beta_7 \times LOSS +$$
$$\beta_8 \times SP + \beta_9 \times DE + \beta_{10} \times SIZE + \sum YEAR + \sum IND$$
$$(3.12)$$

---

① 国有组样本与民营组样本检验模型完全相同,样本不同。

表 3.15　国有公司样本回归结果

	模型 7		模型 8		模型 9	
	回归系数	p 值	回归系数	p 值	回归系数	p 值
截距项	−3.144 0	0.000 1	−3.061 0	0.000 1	−3.135 0	0.000 1
MU1	0.011 0	0.178 8				
HDI			−0.137 0	0.000 1		
SEGMENTS					0.007 0	0.042 7
BIG4	−0.187 0	0.000 1	−0.187 0	0.000 1	−0.189 0	0.000 1
ROA	−1.161 0	0.000 1	−1.601 0	0.000 1	−1.611 0	0.000 1
GROW	−0.081 0	0.000 1	−0.082 0	0.000 1	−0.082 0	0.000 1
OCFTA	−0.572 0	0.000 1	−0.559 0	0.000 1	−0.573 0	0.000 1
OP	−0.244 0	0.000 1	−0.241 0	0.000 1	−0.241 0	0.000 1
LOSS	−0.283 0	0.000 1	−0.278 0	0.000 1	−0.282 3	0.000 1
SP	−0.073 0	0.004 0	−0.073 0	0.004 1	−0.072 0	0.004 4
DE	−0.840 0	0.000 1	−0.837 0	0.000 1	−0.843 0	0.000 1
SIZE	0.150 0	0.000 1	0.151 0	0.000 1	0.149 0	0.000 1
年度效应	已控制		已控制		已控制	
行业效应	已控制		已控制		已控制	
样本量			3 599			
F 值	93.81***		94.63***		93.92***	
R^2	0.457 1		0.459 2		0.457 4	

RSQ：衡量股价同步性。股价同步性越低，代表公司的特质信息传递得越好。

MU1：公司收入涉及的行业数，按照证监会 13 类行业分类处理。来自于公司披露的按行业分类的收入，根据证监会行业分类进行判断。

HDI：赫芬达尔指数，由每一个分部销售额占公司总销售额的平方和计算。

SEGMENTS：分部报告确定的分部数。

BIG4：样本公司聘请了四大合资型事务所作为审计方取 1；否则为 0。

ROA：样本公司的总资产回报率。

GROW：样本公司主营业务收入增长率。

OCFTA：样本公司经营活动现金净流量/[（年初总资产＋年末总资产)/2]。

OP：样本公司被出具非标准审计意见取 1；否则为 0。

LOSS：样本公司亏损取 1；否则为 0。

SP：样本公司总资产回报率在[0,0.01]之间取 1；否则为 0。

DE：样本公司的资产负债率。

SIZE：样本公司总资产的自然对数。

表 3.16　民营公司样本回归结果

	模型 7		模型 8		模型 9	
	回归系数	p 值	回归系数	p 值	回归系数	p 值
截距项	−4.450 0	0.000 1	−4.479 0	0.000 1	−4.422 0	0.000 1
MU1	0.021 0	0.081 8				
HDI			−0.024 0	0.592 7		
SEGMENTS					0.009 0	0.093 2
BIG4	−0.128 0	0.075 3	−0.120 0	0.070 1	−0.129 0	0.071 6
ROA	−1.244 0	0.000 1	−1.232 0	0.000 1	−1.236 0	0.000 1
GROW	−0.072 0	0.000 1	−0.072 0	0.000 1	−0.072 0	0.000 1
OCFTA	−0.134 0	0.386 4	−0.134 0	0.388 5	−0.137 0	0.376 1
OP	−0.281 0	0.000 1	−0.285 0	0.000 1	−0.282 0	0.000 1
LOSS	−0.140 0	0.012 3	−0.135 0	0.015 2	−0.136 0	0.014 6
SP	−0.022 0	0.600 7	−0.017 0	0.677 2	−0.019 0	0.650 5
DE	−0.644 0	0.000 1	−0.635 0	0.000 1	−0.637 0	0.000 1
SIZE	0.210 0	0.000 1	0.214 0	0.000 1	0.209 0	0.000 1
年度效应	已控制		已控制		已控制	
行业效应	已控制		已控制		已控制	
样本量			1 899			
F 值	59.25 ***		59.09 ***		59.23 ***	
R^2	0.504 0		0.503 3		0.503 9	

RSQ：衡量股价同步性。股价同步性越低,代表公司的特质信息传递得越好。

MU1：公司收入涉及的行业数,按照证监会 13 类行业分类处理。来自于公司披露的按行业分类的收入,根据证监会行业分类进行判断。

HDI：赫芬达尔指数,由每一个分部销售额占公司总销售额的平方和计算。
SEGMENTS：分部报告确定的分部数。
BIG4：样本公司聘请了四大合资型事务所作为审计方取 1;否则为 0。
ROA：样本公司的总资产回报率。
GROW：样本公司主营业务收入增长率。
OCFTA：样本公司经营活动现金净流量/[（年初总资产＋年末总资产)/2]。
OP：样本公司被出具非标准审计意见取 1;否则为 0。
LOSS：样本公司亏损取 1;否则为 0。
SP：样本公司总资产回报率在[0,0.01]之间取 1;否则为 0。
DE：样本公司的资产负债率。
SIZE：样本公司总资产的自然对数。

检验结果表明国有组 *MU*1 的估计系数 β_1 为 0.011,但不显著;民营组 *MU*1 的估计系数 β_1 为 0.021,且显著。同样,这验证了假设 2。

控制变量方面,*BIG*4 的回归系数在 1% 水平上显著为负,表明由四大会计师事务所审计的公司股价同步性要低于非四大会计师事务所审计的公司的股价同步性;*ROA* 的回归系数在 1% 水平上显著为负,表明公司总资产回报率越高,股价同步性越低;*GROW* 的回归系数在 1% 水平上显著为负,表明公司收入的增长率越高,股价同步性越低;*OCFTA* 的回归系数在 1% 水平上显著为负,表明公司经营活动现金净流量占总资产比例越高,股价同步性越低;*OP* 的回归系数在 1% 水平上显著为负,表明被出具非标准审计意见公司的股价同步性要低于被出具标准审计意见的公司的股价同步性;*LOSS* 的回归系数在 1% 水平上显著为负,表明亏损公司的股价同步性要低于非亏损公司的股价同步性;*SP* 的回归系数在 1% 水平上显著为负,表明微利公司的股价同步性要低于非微利公司的股价同步性;*DE* 的回归系数显著为负,表明公司资产负债率越高,股价同步性越低;*SIZE* 的回归系数在 1% 水平上显著为正,表明公司规模越大,股价同步性越高。

3.6 研究结论

本章以 2004—2008 年所有 A 股上市公司为样本,以样本公司经营涉及行业数、赫芬达尔指数、分部数三个维度表征业务复杂度,考察业务复杂度对股价同步性的影响;进而区分国有公司和民营公司,检验不同最终控制人对业务复杂度与股价同步性关系的影响。研究结果显示,业务复杂度对股价同步性有显著影响,业务复杂度越高,股价同步性越高;在以行业数(*MU*1)表征业务复杂度时,民营公司相对于国有公司而言,其业务复杂度与股价同步性的正相关关系更强,表明不同性质的最终控制人对业务复杂度与股价同步性的关系具有调节作用。

第 4 章　盈余质量对业务复杂度与股价同步性关系的影响

4.1　会计信息对股价同步性的影响

市场作为一种信息交流机制,最为重要的功能之一就是将市场信息汇总反映到价格之中,并通过价格引导资源的配置(Hayek,1945)。根据有效市场理论,资本市场中的股票价格以同样的原理指引着资源配置。既然信息引导价格,而价格又引导资源配置,那么也可以说,资本市场中的信息效率决定着资源配置的效率。Akerlof(1970)[①]对旧车市场中信

---

　　① 美国经济学家阿克洛夫(G. Akerlof)1970 年提出了著名的旧车市场模型,开创了逆向选择理论的先河。旧车市场上,买者和卖者有关汽车质量的信息是不对称的。卖者知道所售汽车的真实质量。但一般情况下,潜在的买者要想确切地辨识出旧车市场上汽车质量的好坏是困难的,他最多只能通过外观、介绍及简单的现场试验等来获取有关汽车质量的信息,从这些信息中很难准确判断出车的质量。车的真实质量只有通过长时间的使用才能看出,这在旧车市场上是不可能的。旧车市场上的买者在购买汽车之前,并不知道哪辆汽车是高质量的,哪辆汽车是低质量的,他只知道旧车市场上汽车的平均质量。这种情况下,典型的买者只愿意根据平均质量支付价格,这样一来,质量高于平均水平的卖者就会将他们的汽车撤出旧车市场,市场上只留下质量低的卖者。结果是旧车市场上汽车的平均质量降低,买者愿意支付的价格进一步下降,致使更多的较高质量的汽车退出市场。均衡的情况下,只有低质量的汽车成交,极端情况下甚至没有交易。在旧车市场上,高质量汽车被低质量汽车排挤到市场之外,市场上留下的只有低质量汽车,高质量的汽车在竞争中失败,市场选择了低质量的汽车,这违背了市场竞争中优胜劣汰的选择法则。平常人们说选择都是选择好的,这里选择的却是差的,所以把这种现象称为逆向选择。旧车市场中的买者与卖者之间实际上是委托-代理关系,且信息不对称发生在交易之前。这种情况下很有可能出现逆向选择问题。一般地,在建立委托-代理关系前,代理人事先已经掌握某些委托人不了解的信息;代理人利用这些信息选择对自己有利的合同,委托人由于信息劣势在签订合同时处于不利的选择位置;"高质量"的代理人被"低质量"的代理人排挤出局,与委托人签订合同的往往是"低质量"的代理人,即逆向选择。逆向选择还有许多其他例子,比如劳动市场、保险市场等。

息问题的理论分析，Healy 和 Palepu（2001）、Bushman 等（2004）的实证研究均证明了这一观点的合理性。

投资者分析公司投资价值时重要的信息是会计信息。会计信息影响上市公司股票价格的形成，因此会计信息同样具有影响资源配置效率的经济后果（Francis 等，2005）。作为一个信息不对称程度高、市场流动性差的新兴市场，我国股票市场高股价同步性得到了大量的证据支持（Morck 等，2000；李增泉，2005；王亚平 等，2009）。

通过私有信息交易纳入股票价格的公司特质信息的数量影响了股价同步性的高低（Durnev 等，2003；冯用富等，2009）。作为市场关注及投资者分析公司投资价值的重要信息，会计信息的质量对股价同步性有何影响呢？

本章将基于公司特质信息并入股价的方式，分析会计盈余质量如何影响股价同步性，以及会计盈余质量是如何影响业务复杂度与股价同步性之间关系的。

4.2　理论分析与研究假设

4.2.1　会计盈余质量与股价同步性

Roll（1988）和 Compbell 等（2001）指出，除了宏观市场层面和行业层面的公共信息会影响股价变化之外，公司特质信息对股价变化也有十分重要的影响。而且，Roll（1988）认为金融学之所以不能如天文学预测天文现象一样准确地预测金融市场中的股价变化，主要是因为公司特质信息的存在。一些投资者利用这些未公开的公司特质信息进行交易，导致了股价变动只能部分地被市场层面和行业层面的信息所解释，而剩下的那部分股价变动则由公司特质信息引起。那么，公司特质信息是如何反映到股价之中的呢？

一般而言，公司特质信息通过两种方式反映到股价之中：一种是通过向市场公开披露的方式将信息反映到股价之中；另一种是知情套利者通过交易的方式将私人信息反映到股价之中（Romer，1993）。

Roll(1988)控制了市场影响和行业影响因素之后,首先将披露公司特质信息的事件日剔除,然后利用 CAPM 模型回归得到 R^2 值;接着再利用 CAPM 模型进行回归,得出剔除公司特质信息公开事件日之前的 R^2。两者比较之后,发现前者提高幅度很小,这暗示着公开披露方式可能并非公司特质信息并入股价的主要方式,而是基于私有信息交易的方式(冯用富 等,2009)。因此,Roll(1988)明确指出,股价同步性下降的原因可能是私有信息,也可能是噪音。

Durnev 等(2003)和冯用富等(2009)的研究表明,增加私有信息交易会导致股价信息含量的提高。投资者源源不断地从市场搜集私有信息,期待经由私有信息交易取得超额收益。获取私有信息的边际收益越低于边际成本,挖掘私有信息的投资者就越少,更不会经由交易将之纳入股票价格之中。直到私有信息获取的边际成本低于边际收益时,才会有更多的投资者开始挖掘私有信息,并通过交易将之纳入股票价格中。同时,获取私有信息的边际成本越低于边际收益,挖掘私有信息的投资者就越多,并通过交易纳入股票价格之中,直到私有信息获取的边际收益等于边际成本时,私有信息挖掘行为才会停滞下来(Grossman 和 Stiglitz,1980)。那么,会计盈余质量是怎样影响私有信息纳入股票价格的呢?

会计盈余能够传递公司未来回报和现金流等基本面的信息(Watts 和 Zimmerman,1986)。会计盈余信息是最重要的会计信息,会计信息的质量取决于盈余信息质量。会计盈余质量越差,包含的公司特质信息越少(Hutton 等,2009),可供投资者搜集的私有信息就越多,搜集信息的边际成本减少,通过交易纳入股票价格的私有信息也就越多,从而提高了股价信息含量。公司盈余质量越高,包含的公司特质信息越多,投资者越能准确地预测公司未来现金流和收益,结果就提高了可供搜集的私有信息的边际成本,从而削弱了投资者私有信息挖掘的动机,导致股价的信息含量降低,增加了股价同步性。所以,从私有信息交易理论而言,会计盈余质量与股价同步性正相关。因此,本章提出假设 1。

假设 1:会计盈余质量与股价同步性正相关。

4.2.2 业务复杂度、会计盈余质量与股价同步性

尽管会计信息具有重要的地位,但会计信息也仅是上市公司信息的众多来源之一,上市公司还可能通过选择其他方式披露或者不披露自己的信息,从而影响到它的信息透明度(李增泉 等,2011)。

在业务复杂情况下,上市公司透明度进一步下降(Bushman,2004),增加了投资者发掘、甄别信息的难度,提高了投资者信息搜集成本。投资者基于获取私有信息边际成本与边际收益权衡的考量,更有可能较大程度地依赖公司的盈余数据进行投资决策。这就削弱了投资者搜集其他信息的动机,阻隔了市场上大量其他信息的有效传递,最终导致整个证券市场的价格信号传递机制失灵,使得股价波动中特质信息含量减少,从而呈现出更高的股价同步性。

因此,根据上述分析,本章提出假设 2。

假设 2:盈余质量越高,业务复杂度对特质信息传递效率的削弱越明显。

4.3 研究设计

4.3.1 样本选择与数据来源

本章以 2004—2008 年间所有的 A 股非金融类公司为研究样本,在删除了因变量缺失而无法检验的样本后,模型共获得了 5 428 个观测值,随后对有效观测值的所有连续变量按年度在上下 1% 的水平上缩尾(winsorize),以避免极值效应。

4.3.2 会计盈余质量的衡量

会计盈余是公司重要的特质信息。与 Hutton 等(2009)、王亚平等(2009)一致,本章以操控性应计项目来衡量会计盈余质量。参照 Hutton 等(2009)、王亚平等(2009)的做法,本章采用上市公司过去三年操控性应计项目绝对值之和(DACC2)来衡量会计盈余质量。DACC2 越大,公司盈余质量越低。

$$DACC2 = |DisAcc_{i,t-1}| + |DisAcc_{i,t-2}| + |DisAcc_{i,t-3}| \qquad (4.1)$$

式中,操控性应计项目 $DisAcc$ 由修正的 Jones 模型(Dechow 等,1995)估计得到。具体地,本章运用模型进行分年度分行业回归,然后将估计出来的回归系数代入,估计出操控性应计项目 $DisAcc$ 的绝对值 $|DisAcc|$,该绝对值越大,表示会计盈余质量越差。

$$\frac{TA_{i,t}}{Asset_{i,t-1}} = \alpha_1 \frac{1}{Asset_{i,t-1}} + \alpha_2 \frac{\Delta REV_{i,t}}{Asset_{i,t-1}} + \alpha_3 \frac{PPE_{i,t}}{Asset_{i,t-1}} + \varepsilon_{i,t}$$
$$(4.2)$$

$$DisAcc_{i,t} = \frac{TA_{i,t}}{Asset_{i,t-1}} - \left(\alpha_1 \frac{1}{Asset_{i,t-1}} \Delta REV + \alpha_2 \frac{\Delta REV_{i,t} - \Delta REC_{i,t}}{Asset_{i,t-1}} + \right.$$
$$\left. \alpha_3 \frac{PPE_{i,t}}{Asset_{i,t-1}} \right) \qquad (4.3)$$

式中,TA 为总应计项目,它等于营业利润减去经营活动产生的现金净流量;$Asset$ 为资产总额;ΔREV 为销售收入的增长额;ΔREC 为应收账款的增长额;PPE 为固定资产原值。

4.3.3　研究模型

会计盈余质量与股价同步性之间的关系由模型 1、模型 2、模型 3 检验。

模型 1:

$$RSQ = \alpha + \beta_1 \times DACC2 + \beta_2 \times MU1 + \beta_3 \times BIG4 + \beta_4 \times ROA +$$
$$\beta_5 \times GROW + \beta_6 \times OCFTA + \beta_7 \times OP + \beta_8 \times LOSS +$$
$$\beta_9 \times SP + \beta_{10} \times STATE + \beta_{11} \times DE + \beta_{12} \times SIZE +$$
$$\sum YEAR + \sum IND \qquad (4.4)$$

模型 2:

$$RSQ = \alpha + \beta_1 \times DACC2 + \beta_2 \times HDI + \beta_3 \times BIG4 + \beta_4 \times ROA +$$
$$\beta_5 \times GROW + \beta_6 \times OCFTA + \beta_7 \times OP + \beta_8 \times LOSS +$$
$$\beta_9 \times SP + \beta_{10} \times STATE + \beta_{11} \times DE + \beta_{12} \times SIZE +$$
$$\sum YEAR + \sum IND \qquad (4.5)$$

模型 3：

$$RSQ = \alpha + \beta_1 \times DACC2 + \beta_2 \times SEGMENTS + \beta_3 \times BIG4 + \\ \beta_4 \times ROA + \beta_5 \times GROW + \beta_6 \times OCFTA + \beta_7 \times OP + \\ \beta_8 \times LOSS + \beta_9 \times SP + \beta_{10} \times STATE + \beta_{11} \times DE + \\ \beta_{12} \times SIZE + \sum YEAR + \sum IND \qquad (4.6)$$

盈余质量对业务复杂度与股价同步性关系的调节效应由模型 4、模型 5 和模型 6 检验。

模型 4：

$$RSQ = \alpha + \beta_1 \times DACC2 + \beta_2 \times MU1 + \beta_3 \times DACC2\_MU1 + \\ \beta_4 \times BIG4 + \beta_5 \times ROA + \beta_6 \times GROW + \beta_7 \times OCFTA + \\ \beta_8 \times OP + \beta_9 \times LOSS + \beta_{10} \times SP + \beta_{11} \times STATE + \\ \beta_{12} \times DE + \beta_{13} \times SIZE + \sum YEAR + \sum IND \qquad (4.7)$$

模型 5：

$$RSQ = \alpha + \beta_1 \times DACC2 + \beta_2 \times HDI + \beta_3 \times DACC2\_HDI + \\ \beta_4 \times BIG4 + \beta_5 \times ROA + \beta_6 \times GROW + \beta_7 \times OCFTA + \\ \beta_8 \times OP + \beta_9 \times LOSS + \beta_{10} \times SP + \beta_{11} \times STATE + \\ \beta_{12} \times DE + \beta_{13} \times SIZE + \sum YEAR + \sum IND \qquad (4.8)$$

模型 6：

$$RSQ = \alpha + \beta_1 \times DACC2 + \beta_2 \times SEGMENTS + \\ \beta_3 \times DACC2\_SEGMENTS + \beta_4 \times BIG4 + \\ \beta_5 \times ROA + \beta_6 \times GROW + \beta_7 \times OCFTA + \\ \beta_8 \times OP + \beta_9 \times LOSS + \beta_{10} \times SP + \\ \beta_{11} \times STATE + \beta_{12} \times DE + \beta_{13} \times SIZE + \\ \sum YEAR + \sum IND \qquad (4.9)$$

模型 4、模型 5、模型 6 中的系数 β_3 表示会计盈余质量对股价同步性与业务复杂度之间关系的额外作用，如果业务复杂度以 $MU1$ 和 $SEGMENTS$ 来表征，当 β_3 显著为正时，表明 $DACC2$ 越大（会计盈余质量越低），企业业务复杂度与股价同步性的正向关系越强（负向关系越弱）；当 β_3 显著为负时，则表明 $DACC2$ 越大（会计盈余质量越低），业务复杂度与股价同步性的正向关系越弱（负向关系越强）。如果业务复杂度以 HDI 来表征，当 β_3 显著为正时，则表明 $DACC2$ 越大（会计盈余质量越低），业务复杂度与股价同步性的正向关系[①]越弱（负向关系越强）；当 β_3 显著为负时，则表明 $DACC2$ 越大（会计盈余质量越低），业务复杂度与股价同步性的正向关系越强（负向关系越弱）。根据假设 2，本章预计 $MU1$ 和 $SEGMENTS$ 的系数 β_3 符号为负，HDI 的系数 β_3 符号为正。

4.4 实证分析

4.4.1 描述性统计

描述性统计见表 4.1，从表中可见，可操控性盈余均值和方差分别为 0.072 和 0.086，最大值为 0.686，最小值接近于 0，说明不同公司之间会计盈余质量差异较大。

表 4.1 变量描述性统计

变量	样本量	标准差	最小值	最大值	中位数	均值
RSQ	5 498	0.724	−3.179	1.362	−0.326	−0.401
$DACC2$	5 428	0.086	0.000	0.686	0.047	0.072
$MU1$	5 498	1.103	1.000	8.000	2.000	1.984
HDI	5 498	0.273	0.156	2.096	0.557	0.619
$SEGMENTS$	5 498	2.414	1.000	15.000	4.000	4.187
$BIG4$	5 498	0.243	0.000	1.000	0.000	0.063
ROA	5 498	0.082	−0.440	0.263	0.025	0.020
$GROW$	5 498	0.661	−0.843	7.670	0.152	0.240
$OCFTA$	5 498	0.086	−0.245	0.325	0.053	0.054

① 此处业务复杂度与股价同步性的正向关系也可以说成赫芬达尔指数（HDI）与股价同步性之间的负相关关系。

续表

变量	样本量	标准差	最小值	最大值	中位数	均值
OP	5 498	0.283	0.000	1.000	0.000	0.088
LOSS	5 498	0.349	0.000	1.000	0.000	0.142
SP	5 498	0.356	0.000	1.000	0.000	0.148
STATE	5 498	0.476	0.000	1.000	1.000	0.655
DE	5 498	0.251	0.073	2.271	0.526	0.533
SIZE	5 498	1.070	18.757	25.250	21.270	21.364

RSQ:衡量股价同步性。股价同步性越低,代表公司的特质信息传递得越好。

DACC2:可操控性应计项,衡量会计信息质量。

MU1:公司收入涉及的行业数,按照证监会13类行业分类处理。来自于公司披露的按行业分类的收入,根据证监会行业分类进行判断。

HDI:赫芬达尔指数,由每一个分部销售额占公司总销售额的平方和计算。

SEGMENTS:分部报告确定的分部数。

BIG4:样本公司聘请了四大合资型事务所作为审计方取1;否则为0。

ROA:样本公司的总资产回报率。

GROW:样本公司主营业务收入增长率。

OCFTA:样本公司经营活动现金净流量/[(年初总资产+年末总资产)/2]。

OP:样本公司被出具非标准审计意见取1;否则为0。

LOSS:样本公司亏损取1;否则为0。

SP:样本公司总资产回报率在[0,0.01]之间取1;否则为0。

DE:样本公司的资产负债率。

STATE:样本公司最终控制人为国有取1;否则为0。

SIZE:样本公司总资产的自然对数。

样本公司操控性盈余的具体分布情况见表4.2。从时间角度看,操控性盈余有逐年增加的趋势;从行业分布看,批发和零售贸易业、综合类公司的操控性盈余相对较高,而电子制造业、建筑业公司的操控性盈余较低。

表 4.2 样本公司操控性盈余（DACC2）分布情况

	样本量	均值	中位数
Panel A：总体	5428	0.072	0.047
Panel B：按年度分类			
2004	988	0.07	0.04
2005	1 091	0.06	0.04
2006	1 051	0.07	0.05
2007	1 098	0.09	0.05
2008	1 200	0.09	0.05
Panel C：按行业分类			
农、林、牧、渔业	117	0.07	0.05
采掘业	115	0.08	0.06
食品加工和制造业	257	0.07	0.05
纺织、服装和皮毛制造业	219	0.08	0.05
纸、印刷和文教体育用品制造业	134	0.06	0.04
石油、化学和塑胶制造业	556	0.06	0.04
电子制造业	192	0.05	0.04
金属和非金属矿物制品业	439	0.06	0.04
机械设备、仪器制造业	785	0.07	0.05
医药和生物药品制造业	372	0.06	0.04
其他制造业	254	0.05	0.03
电力、煤气及水的生产和供应业	104	0.06	0.05
建筑业	212	0.05	0.03
交通运输和仓储业	326	0.09	0.06
通信和计算机运用服务业	422	0.08	0.05
批发和零售贸易业	411	0.15	0.09
房地产开发和经营业	176	0.06	0.03
社会服务业	57	0.07	0.04
综合类	280	0.13	0.05

4.4.2 相关性分析

表 4.3～表 4.5 列出了样本公司特征变量的相关性分析结果。

表 4.3 变量相关系数(业务复杂度为 MU1)

变量	RSQ	DACC2	MU1	BIG4	ROA	GROW	OCFTA
RSQ		-0.098***	0.007	0.02	0.050***	-0.030**	-0.008
DACC2	-0.138***		0.013	-0.038***	-0.023	-0.036***	-0.144***
MU1	0.015	0.001		-0.032**	-0.106***	-0.008	-0.058***
BIG4	0.031**	-0.026*	-0.042***		0.135***	0.028**	0.092***
ROA	0.120***	-0.207***	-0.055***	0.096***		0.352***	0.372***
GROW	-0.085***	0.131***	0.006	0.003	0.233***		0.180***
OCFTA	-0.014	-0.193***	-0.045***	0.075***	0.316***	0.123***	
OP	-0.232***	0.193***	0.011	-0.038***	-0.490***	-0.126***	-0.151***
LOSS	-0.112***	0.179***	0.02	-0.050***	-0.713***	-0.181***	-0.205***
SP	-0.030**	-0.089***	0.065***	-0.066***	-0.076***	-0.058***	-0.091***
STATE	0.083***	-0.106***	0.016	0.094***	0.056***	-0.017	0.079***
DE	-0.260***	0.236***	0.065***	-0.051***	-0.512***	-0.018	-0.162***
SIZE	0.268***	-0.094***	0.068***	0.337***	0.251***	0.073***	0.129***

续表

变量	OP	LOSS	SP	STATE	DE	SIZE
RSQ	−0.198***	−0.101***	−0.030*	0.067***	−0.164***	0.232***
DACC2	0.148***	0.181***	−0.089***	−0.090***	0.117***	−0.103***
MU1	0.017	0.026*	0.051***	0.017	0.099***	0.079***
BIG4	−0.038***	−0.050***	−0.066***	0.094***	−0.048***	0.264***
ROA	−0.335***	−0.601***	−0.404***	−0.003	−0.392***	0.206***
GROW	−0.218***	−0.294***	−0.092***	0.044***	−0.007	0.169***
OCFTA	−0.172***	−0.232***	−0.113***	0.083***	−0.159***	0.152***
OP		0.431***	0.003	−0.113***	0.278***	−0.203***
LOSS	0.431***		−0.170***	−0.056***	0.269***	−0.200***
SP	0.003	−0.170***		0.044***	0.072***	−0.067***
STATE	−0113***	−0.056***	0.044***		−0.011	0.284***
DE	0.437***	0.343***	0.031***	−0.054***		0.166***
SIZE	−0.214***	−0.196***	−0.072***	0.287***	−0.003	

注:表的右上部分为 Spearman 相关系数,左下部分为 Pearson 相关系数。*** 表示 p 在 0.01 水平差异显著,** 表示 p 在 0.05 水平差异显著,* 表示 p 在 0.10 水平差异显著。

表 4.4　变量相关系数（业务复杂度为 HDI）

变量	RSQ	DACC2	HDI	BIG4	ROA	GROW	OCFTA
RSQ		−0.098***	−0.116***	0.02	0.050***	−0.030**	−0.008
DACC2	−0.138***		0.02	−0.038***	−0.023	−0.036***	−0.144***
HDI	−0.109***	0.021		0.028**	−0.045***	−0.060***	0.038***
BIG4	0.031**	−0.026*	0.030**		0.135***	0.028**	0.092***
ROA	0.120***	−0.207***	−0.050***	0.096***		0.352***	0.372***
GROW	−0.085***	0.131***	−0.01	0.003	0.233***		0.180***
OCFTA	−0.017	−0.193***	0.031**	0.075***	0.316***	0.123***	
OP	−0.232***	0.193***	0.046***	−0.038***	−0.490***	−0.126***	−0.151***
LOSS	−0.112***	0.179***	0.051***	−0.050***	−0.713***	−0.181***	−0.205***
SP	−0.030**	−0.089***	0.008	−0.066***	−0.076***	−0.058***	−0.091***
STATE	0.083***	−0.106***	0.005	0.094***	0.056***	−0.017	0.079***
DE	−0.260***	0.236***	0.048***	−0.051***	−0.512***	−0.018	−0.162***
SIZE	0.268***	−0.094***	−0.032**	0.337***	0.251***	0.073***	0.129***

续表

变量	OP	LOSS	SP	STATE	DE	SIZE
RSQ	-0.198***	-0.101***	-0.030*	0.067***	-0.164***	0.232***
DACC2	0.148***	0.181***	-0.089***	-0.099***	0.117***	-0.103***
HDI	0.057***	0.053***	0.011	0.014	0.027*	-0.052***
BIG4	-0.038***	-0.050***	-0.066***	0.094***	-0.048***	0.264***
ROA	-0.335***	-0.601***	-0.404***	-0.003	-0.392***	0.206***
GROW	-0.218***	-0.294***	-0.092***	0.044***	-0.007	0.169***
OCFTA	-0.172***	-0.232***	-0.113***	0.083***	-0.160***	0.152***
OP		0.431***	0.003	-0.113***	0.278***	-0.203***
LOSS	0.431***		-0.170***	-0.056***	0.268***	-0.200***
SP	0.003	-0.170***		0.044***	0.072***	-0.067***
STATE	-0113***	-0.056***	0.044***		-0.011	0.284***
DE	0.437***	0.343***	0.031***	-0.054***		0.166***
SIZE	-0.214***	-0.196***	-0.072***	0.287***	-0.003	

注：表的右上部分为 Spearman 相关系数，左下部分为 Pearson 相关系数。$***$ 表示 p 在 0.01 水平差异显著，$**$ 表示 p 在 0.05 水平差异显著，$*$ 表示 p 在 0.10 水平差异显著。

業务复杂度对股价同步性影响之研究——基于中国上市公司的经验证据

表 4.5 变量相关系数（业务复杂度为 SEGMENTS）

变量	RSQ	DACC2	SEGMENTS	BIG4	ROA	GROW	OCFTA
RSQ		−0.098***	0.103***	0.02	0.050***	−0.030**	−0.007
DACC2	−0.138***		−0.022	−0.038***	−0.023*	−0.036***	−0.144***
SEGMENTS	0.096***	−0.031**		−0.028**	−0.026*	0.075***	−0.022
BIG4	0.031**	−0.026*	−0.016		0.135***	0.028**	0.092***
ROA	0.120***	−0.207***	0.059***	0.096***		0.352***	0.372***
GROW	−0.085***	0.131***	0.050***	0.003	0.233***		0.180***
OCFTA	−0.014	−0.193***	−0.01	0.075***	0.316***	0.123***	
OP	−0.232***	0.193***	−0.074***	−0.038***	−0.490***	−0.126***	−0.151***
LOSS	−0.112***	0.179***	−0.057***	−0.050***	−0.713***	−0.181***	−0.205***
SP	−0.030**	−0.089***	−0.007	−0.066***	−0.076***	−0.058***	−0.090***
STATE	0.083***	−0.106***	0.001	0.094***	0.055***	−0.017	0.079***
DE	−0.260***	0.236***	0.002	−0.051***	−0.512***	−0.018	−0.162***
SIZE	0.268***	−0.094***	0.141***	0.337***	0.251***	0.073***	0.129***

续表

变量	OP	LOSS	SP	STATE	DE	SIZE
RSQ	−0.198***	−0.101***	−0.030**	0.067***	−0.164***	0.232***
DACC2	0.148***	0.181***	−0.089***	−0.099***	0.117***	−0.103***
SEGMENTS	−0.078***	−0.053***	−0.003	−0.003	0.044***	0.148***
BIG4	−0.038***	−0.050***	−0.066***	0.094***	−0.048***	0.264***
ROA	−0.335***	−0.601***	−0.404***	−0.003	−0.392***	0.205***
GROW	−0.218***	−0.294***	−0.092***	0.044***	−0.007	0.169***
OCFTA	−0.172***	−0.232***	−0.113***	0.083***	−0.159***	0.152***
OP		0.431***	0.003	−0.113***	0.278***	−0.203***
LOSS	0.431***		−0.170***	−0.056***	0.269***	−0.200***
SP	0.003	−0.170***		0.044***	0.072***	−0.067***
STATE	−0113***	−0.056***	0.044***		−0.011	0.284***
DE	0.437***	0.343***	0.031**	−0.054***		0.166***
SIZE	−0.214***	−0.196***	−0.072***	0.287***	−0.003	

注：表的右上部分为 Spearman 相关系数，左下部分为 Pearson 相关系数。*** 表示 p 在 0.01 水平差异显著，** 表示 p 在 0.05 水平差异显著，* 表示 p 在 0.10 水平差异显著。

4.4.3　回归结果

会计盈余质量对股价同步性影响的回归结果见表 4.6。从表中可见,在以 *MU*1 表征业务复杂度的模型 1,以 *HDI* 表征业务复杂度的模型 2 和以 *SEGMENTS* 表征业务复杂度的模型 3 中,操控性盈余(*DACC*2)系数均在 1% 的水平上显著为负,说明会计盈余质量与股价同步性显著正相关[①],会计信息质量越高,股价同步性越高。

表 4.6　盈余质量对股价同步性的影响

	模型 1		模型 2		模型 3	
	回归系数	*p* 值	回归系数	*p* 值	回归系数	*p* 值
截距项	−3.428 0	0.000 1	−3.357 0	0.000 1	−3.408 0	0.000 1
*DACC*2	−0.618 0	0.000 1	−0.613 0	0.000 1	−0.615 0	0.000 1
*MU*1	0.017 0	0.015 6				
HDI			−0.094 0	0.000 6		
SEGMENTS					0.008 0	0.007 2
*BIG*4	−0.183 0	0.000 1	−0.185 0	0.000 1	−0.184 0	0.000 1
ROA	−1.617 0	0.000 1	−1.611 0	0.000 1	−1.619 0	0.000 1
GROW	−0.068 0	0.000 1	−0.067 0	0.000 1	−0.068 0	0.000 1
OCFTA	−0.449 0	0.000 1	−0.445 0	0.000 1	−0.451 0	0.000 1
OP	−0.246 0	0.000 1	−0.247 0	0.000 1	−0.245 0	0.000 1
LOSS	−0.247 0	0.000 1	−0.242 0	0.000 1	−0.245 0	0.000 1
SP	−0.077 0	0.000 4	−0.075 0	0.000 1	−0.075 0	0.000 6
STATE	0.009 0	0.598 2	0.007 0	0.678 1	0.009 0	0.594 6
DE	−0.724 0	0.000 1	−0.718 0	0.000 1	−0.723 0	0.000 1
SIZE	0.163 0	0.000 1	0.164 0	0.000 1	0.162 0	0.000 1
年度效应	已控制		已控制		已控制	
行业效应	已控制		已控制		已控制	

---

①　*DACC*2 值越大,会计信息质量越低,所以 *DACC*2 与 *RSQ* 负相关,说明会计信息质量与股价同步性正相关。

续表

	模型 1		模型 2		模型 3	
	回归系数	p 值	回归系数	p 值	回归系数	p 值
样本量	5 428		5 428		5 428	
F 值	144.98***		145.31***		145.03***	
R^2	0.477 5		0.478 1		0.477 6	

RSQ：衡量股价同步性。股价同步性越低，代表公司的特质信息传递得越好。

$DACC2$：可操控性应计项，衡量会计信息质量。

$MU1$：公司收入涉及的行业数，按照证监会 13 类行业分类处理。来自于公司披露的按行业分类的收入，根据证监会行业分类进行判断。

HDI：赫芬达尔指数，由每一个分部销售额占公司总销售额的平方和计算。

$SEGMENTS$：分部报告确定的分部数。

$BIG4$：样本公司聘请了四大合资型事务所作为审计方取 1；否则为 0。

ROA：样本公司的总资产回报率。

$GROW$：样本公司主营业务收入增长率。

$OCFTA$：样本公司经营活动现金净流量/[（年初总资产＋年末总资产）/2]。

OP：样本公司被出具非标准审计意见取 1；否则为 0。

$LOSS$：样本公司亏损取 1；否则为 0。

SP：样本公司总资产回报率在[0,0.01]之间取 1；否则为 0。

DE：样本公司的资产负债率。

$SIZE$：样本公司总资产的自然对数。

　　控制变量方面，$BIG4$ 的回归系数在 1％ 水平上显著为负，表明由四大会计师事务所审计的公司股价同步性要低于非四大会计师事务所审计的公司股价同步性；ROA 的回归系数在 1％ 水平上显著为负，表明公司总资产回报率越高，股价同步性越低；$GROW$ 的回归系数在 1％ 水平上显著为负，表明公司收入的增长率越高，股价同步性越低；$OCFTA$ 的回归系数在 1％ 水平上显著为负，表明公司经营活动现金净流量占总资产比例越高，股价同步性越低；OP 的回归系数在 1％ 水平上显著为负，表明被出具非标准审计意见公司的股价同步性要低于被出具标准审计意见的公司的股价同步性；$LOSS$ 的回归系数在 1％ 水平上显著为负，表明亏损公司的股价同步性要低于非亏损公司的股价同步性；SP 的回归系数在 1％ 水平上显著为负,表明微利公司的股价同步性要低于非微利公司的股价同步性;$STATE$ 的回归系数为正,但不显著;DE 的回归系数显著为负,表明公司资产负债率越高,股价同步性越低;$SIZE$ 的回归系数在 1% 水平上显著为正,表明公司规模越大,股价同步性越高。

盈余质量对业务复杂度与股价同步性关系调节效应的回归结果见表 4.7。模型 4 中的交互变量 $DACC2\_MU1$ 的系数 β_3 在 1% 水平上显著为负,模型 5 中的交互变量 $DACC2\_HDI$ 的系数 β_3 在 1% 的水平上显著为正,模型 6 中的交互变量 $DACC2\_SEGMENTS$ 的系数 β_3 在 1% 的水平上显著为负,说明 $DACC2$ 的提高(会计盈余质量的降低)削弱了业务复杂度与股价同步性的正相关关系;反之,会计盈余质量的提高增强了业务复杂度与股价同步性的正相关关系,故假设 2 得到了验证。

表 4.7 调节效应模型回归结果

	模型 4		模型 5		模型 6	
	回归系数	p 值	回归系数	p 值	回归系数	p 值
截距项	−3.272 0	0.000 1	−3.049 0	0.000 1	−3.272 0	0.000 1
DACC2	0.188 0	0.286 2	−1.651 0	0.000 1	0.116 0	0.481 3
MU1	0.033 0	0.000 5				
HDI			−0.225 0	0.000 1		
SEGMENTS					0.016 0	0.000 1
DACC2_MU1	−0.330 0	0.000 3				
DACC2_HDI			1.593 0	0.000 1		
DACC2_SEGMENTS					−0.132 0	0.000 8
BIG4	−0.158 0	0.000 1	−0.155 0	0.000 1	−0.158 0	0.000 1
ROA	−0.420 0	0.000 1	−0.368 0	0.000 1	−0.369 0	0.000 4
GROW	−0.000 0	0.067 2	−0.000 0	0.000 1	−0.000 0	0.094 9
OCFTA	−0.484 0	0.000 1	−0.513 0	0.000 1	−0.499 0	0.000 1
OP	−0.421 0	0.000 1	−0.406 0	0.000 1	−0.420 0	0.000 1
LOSS	−0.186 0	0.000 1	−0.169 0	0.000 1	−0.177 0	0.000 1
SP	−0.053 0	0.025 4	−0.054 0	0.022 8	−0.048 0	0.000 1

续表

	模型 4		模型 5		模型 6	
	回归系数	p 值	回归系数	p 值	回归系数	p 值
$STATE$	0.042 0	0.207 3	0.039 0	0.389 0	0.042 0	0.277 0
DE	−0.000 0	0.074 4	−0.000 0	0.058 4	−0.725 0	0.000 1
$SIZE$	0.135 0	0.000 1	0.135 0	0.000 1	0.162 0	0.000 1
年度效应	已控制		已控制		已控制	
行业效应	已控制		已控制		已控制	
样本量	5 428		5 428		5 428	
F 值	98.39***		100.48***		98.44***	
R^2	0.389 7		0.394 7		0.389 9	

RSQ：衡量股价同步性。股价同步性越低，代表公司的特质信息传递得越好。

$DACC2$：可操控性应计项，衡量会计信息质量。

$MU1$：公司收入涉及的行业数，按照证监会 13 类行业分类处理。来自于公司披露的按行业分类的收入，根据证监会行业分类进行判断。

HDI：赫芬达尔指数，由每一个分部销售额占公司总销售额的平方和计算。

$SEGMENTS$：分部报告确定的分部数。

$BIG4$：样本公司聘请了四大合资型事务所作为审计方取 1；否则为 0。

ROA：样本公司的总资产回报率。

$GROW$：样本公司主营业务收入增长率。

$OCFTA$：样本公司经营活动现金净流量/[（年初总资产＋年末总资产)/2]。

OP：样本公司被出具非标准审计意见取 1；否则为 0。

$LOSS$：样本公司亏损取 1；否则为 0。

SP：样本公司总资产回报率在[0,0.01]之间取 1；否则为 0。

DE：样本公司的资产负债率。

$SIZE$：样本公司总资产的自然对数。

　　控制变量方面，$BIG4$ 的回归系数在 1％水平上显著为负，表明由四大会计师事务所审计的公司股价同步性要低于非四大会计师事务所审计的公司的股价同步性；ROA 的回归系数在 1％水平上显著为负，表明公司总资产回报率越高，股价同步性越低；$GROW$ 的回归系数在 1％水平上显著为负，表明公司收入的增长率越高，股价同步性越低；$OCFTA$ 的回归系数在 1％水平上显著为负，表明公司经营活动现金净流量占总资产比例越高,股价同步性越低;OP 的回归系数在 1% 水平上显著为负,表明被出具非标准审计意见公司的股价同步性要低于被出具标准审计意见的公司;LOSS 的回归系数在 1% 水平上显著为负,表明亏损公司的股价同步性要低于非亏损公司的股价同步性;SP 的回归系数在 1% 水平上显著为负,表明微利公司的股价同步性要低于非微利公司的股价同步性;DE 的回归系数显著为负,表明公司资产负债率越高,股价同步性越低;SIZE 的回归系数在 1% 水平上显著为正,表明公司规模越大,股价同步性越高。

4.5 研究结论

业务的复杂导致了信息剧增,其中盈余信息是重要的信息之一。本章基于公司特质信息传递方式的分析,实证检验了会计盈余质量与股价同步性之间的关系,结果发现会计盈余质量越高,股价同步性越高;本章还进一步检验了会计盈余质量对业务复杂度与股价同步性关系的调节效应。结果表明,业务复杂度与股价同步性之间的正相关关系随着会计盈余质量的提高而增强,即盈余质量越高,业务复杂度对特质信息传递效率的削弱越明显。

第5章 独立董事对业务复杂度与股价同步性关系的影响

5.1　独立董事制度是否具有其他效应

前面的实证检验已经发现,对于业务复杂度越高的企业,其投资价值与市场组合越近,导致企业特质信息传递效率越低,产生了投资组合效应;业务越复杂的企业更可能会隐藏其真实的经营信息,使得公司的信息环境更加不透明,同样阻碍了特质信息的传递,业务复杂度与股价同步性之间呈现显著的正相关关系。

这一发现为股价同步性的成因增添了新的证据,也为本章在基于业务复杂既定的前提下,寻找降低股价同步性的途径提供了研究空间,从而为进一步充分利用上市公司股价的信号传递功能优化资源配置,指引财务资源实现投资回报最大化,促进资本市场和国民经济快速发展提供政策依据。

Piotroski 和 Roulstone(2004)最早进行了基于公司层面的股价决定因素研究。他们从机构投资者、证券分析师和内部人交易行为等公司层面实证分析了其对股价同步性的影响,他们发现证券分析师跟进行为与股价同步性显著正相关,而内部人交易活动和机构投资者与股价同步性显著负相关,原因在于证券分析师更多搜集的是行业或市场信息,而不是公司特质信息。相反,机构投资者和内部人交易活动增进了公司层面信息的传递,降低了股价同步性。Choi(2005)等也进行了相同的实证研究。Ferreira(2007)等从并购契约限制的视角对公司治理机制与股价同步性的相关性进行了实证分析,结果发现反并购条款越少,公司特质信息含量越高,从而活跃了证券市场的交易程度,并使股价中内含了足够的未来盈余信息。

　　在我国,一些学者也就微观层面的股价决定因素治理展开了一些研究。朱红军等(2007)通过研究证券分析师与股价同步性、股价信息含量的关系,从整体上考察了我国证券分析师对资本市场运行效率的影响。经验证据表明,总体而言证券分析师的信息搜寻活动能够提高股票价格的信息含量,使其包含更多公司基本面的信息,降低股价的同步性,从而增强价格对资源配置的引导作用,提高资本市场的运行效率。王亚平等(2009)研究了机构投资者持股比例对股价同步性与信息透明度之间关系的影响。研究结果发现,股价同步性与信息透明度的正向关系随着机构投资者持股比例的提高而减弱。

　　代理理论强调,独立董事在客观性、独立性和经验方面比内部董事更有优势(Fama,1980;Fama 和 Jensen,1983)。目前的独立董事治理效应的研究正是基于代理理论基础之上的,大多集中于独立董事与公司绩效研究(高明华 等,2002;Bhagat 和 Black,2004;Peng,2004;王跃堂 等,2006;Bhagat 和 Bolton,2008;萧维嘉 等,2009;饶育蕾和王建新,2010)、保护中小股东利益研究(叶康涛和陆正飞,2007;唐跃军和左晶晶,2010)、独立董事与财务会计信息质量研究(杨忠莲,2006;支晓强,2005;赵德武 等,2008;朱翙照,2010)等方面。那么,除了上述治理效应外,独立董事是否具有其他制度效应呢?

　　本章运用中国资本市场的数据,主要从独立董事比例和行业独立董事两个角度考察在业务复杂度前提下,研究独立董事是否对业务复杂度与股价同步性之间具有调节效应。

5.2　理论分析及研究假设

5.2.1　业务复杂度与独立董事治理

　　地域或产品多元化是业务复杂度的主要表现形式,从管理学视角而言,多元化水平是公司高管进行战略抉择的关键(程立,2005);从契约视角而言,多元化程度是左右公司治理的关键影响因素。作为多元化表现形式的业务复杂度,它在相当大的程度上影响了公司治理机制的选择。

从保护投资者利益视角而言,多元化有损于投资者利益保护。有关东亚的实证研究表明,公司的多元化水平越高,尤其是最终控制人拥有较高股权比例的情况下,对投资者保护越差。所以,研究者认为多元化成为大股东侵害中小股东利益的手段(Claessens 等,1999)。另外有学者认为,公司高管为了实现个人利益的最大化,会通过多元化的方法牺牲投资者利益,由此会带来公司治理方面的严重缺陷(程立,2005),还会导致管理层持股比例、股权集中度、董事会特征等方面的变化。多元化还会降低公司内部资本的分配效率(Stein,1997),多元化的营业活动、复杂化的组织使得信息不对称更为严重(Habib 等,1997;Gilson 等,2001)。Bushman 等(2004)的研究表明,业务复杂度提升了利益相关者之间的信息不对称程度,加大了监督成本,产生了更大的效率损失。Demsetz 和 Lehn(1985)、Himmelberg 等(1999)、Bushman 等(2004)认为,由于会计信息不完善及经营风险等带来的信息不对称问题的存在,公司可以采取调整或选择一些公司治理机制,从而降低公司高管的道德风险,维护投资者利益。

Fama 和 Jensen(1983)研究指出,公司的生产程序越复杂、营业范围越大,就越要求其拥有更多的相关经营信息,有时还要求更大的董事会规模。原因在于当公司进入新的生产领域或开辟新的销售市场时,自然会提高对董事会专业化的要求,所以引入的新董事应该拥有更多的相关专业知识,这一要求成为必然(Fama,Eugene 和 Jensen,1983)。此外,随着公司经营范围的多元化和生产规模的扩大,它需要吸纳新的董事会成员,以保证董事会中的审计委员会、薪酬委员会、考核委员会运转的连续性(Boone 等,2006)。Anderson 等(2000)、Crutchley 等(2004)和 Lehn 等(2004)指出,董事会架构与董事会成员组成受企业经营领域扩大和业务复杂性增强的影响,必须将研究拓展到董事会规模因素之外。

通常,公司经营多元化水平越高、企业规模越大,控制高管人员行为的难度也越大,从而带来严重的代理问题,监管企业日常经营活动就要求有更多的独立董事。Lehn 等(2004)认为,公司经营规模越大越需要更多的独立董事,因为大规模的公司产生的代理问题更为严重。Coles 等(2005)研究发现,多元化公司会聘请更多数量的独立董事,以大范围地监督公司的经营活动。

Daily 等(1999)指出,董事会中独立董事的存在,会有助于董事会更好地履行职责。首先,独立董事可以为公司提供多领域、多层次和多角度的建议,帮助高管层制定公司战略;其次,独立董事是联结公司内部与外部的纽带,可以借助其良好的信誉帮助公司获得发展的支持性资源。

因此,笔者认为业务复杂环境下会引起对应的治理机制与之相适应,如增加独立董事的人数,以降低信息不对称程度和代理成本。

5.2.2 业务复杂度与基于独立董事背景的治理

Bushman(2004)的治理均衡观点认为,经营业务复杂条件下吸纳具有行业专长背景的独立董事有助于降低道德风险,因而业务复杂度与行业专长背景的独立董事比例呈正向关系。Yermack(2004)指出,多元化公司的董事会成员可能较多,因为多元化公司经营涉及行业较多,需要更多的外部专业化建议。譬如,美国通用电器是一家实施多元化经营的公司,在国际上享有很高的声誉,通用电器董事会的架构包括以下特点:一是董事人数多;二是其独立董事的背景各不相同,包括金融业、工业制造业、零售业、汽车业和融资租赁业等。

Hermalin 和 Weisbach(1998)认为,从公司首席执行官的角度看,独立董事应该从具备一定专长、具有丰富从业经验和能够发表恰当建议的人士中选择。Agrawal 和 Knoeber(2001)指出,如果企业对具有政府资源的人士感兴趣,就会选择那些有资深从政经历的人士纳入董事会。Fich(2005)提出,公司之所以将首席执行官看成独立董事的首选,主要还是因为首席执行官能够凭借丰富的经验提供有价值的、专业的建议。Klein(1998)指出,企业经营的多元化水平、对外部资本市场的倚靠程度、企业规模等都会形成企业业务的复杂性,这导致了企业需要更多来自专业顾问的建议。Rose 和 Shephard(2005)认为,多元化经营的企业由于在多个行业同时经营,一般来说是比较复杂的。Hermalin 和 Weisbach(1998)认为,多元化经营企业的首席执行官对于顾问咨询服务有更大的需求。

"资源支撑理论"指出:① 因为独立董事在其所从事的行业内具有一定地位,所以可以对公司的经营活动给予关键的资源支撑(Pfeffer,1972;Pfeffer 和 Salancik,1978;Zahra 和 Pearce,1989);而"声誉理论"则认为,独立董事出于声誉的考虑,会促使自身进一步提高决策能力和加强监督责任(Fama 和 Jensen,1983)。Norburn(1986)则提出独立董事的背景相当重要,为他们有效地进行决策与监督提供了能力与技巧方面的支持。② 独立董事与外部沟通良好、人脉资源丰富,在公司面临危难之时可以有效地帮助化解危机(Pfeffer,1972;Pfeffer 和 Salancik,1978;Zahra 和 Pearce,1989)。该理论认为,独立董事可以在公司内、外部之间构建桥梁,为公司与利益相关者之间营造同赢共荣的和谐关系。他们不仅给公司提供了与外部联系的重要渠道,而且能够为公司与利益相关者进行交易提供保障。而这些行为都能够增强与其他企业的关系,降低交易费用,增加获取重要资源与信息的途径(Bazerman 和 Schoorman,1983)。所以,很多学者从正面肯定了独立董事的资源作用,并认为他们能够提升公司的业绩(Zahra 和 Pearce,1989;Mizruchi 和 Galaskiewicz,1993)。另外,Easterbrook(1984)发现如果公司的独立董事来源于金融机构,则明显会增加公司的财务资本。Kiang(2006)认为,"关系"是公司成功经营的核心因素,他指出微软公司之所以在中国能够取得成功,主要是其与中央与地方政府多年"打交道"的结果。在我国可能存在一种观点,即做什么事情"关系为王",企业经营也不例外。有了"关系",企业就可以最大程度地降低经营风险,并获得最大限度的资源支持。在我国,与各级政府部门、国有金融机构等处理好关系,是保证企业竞争能力的重要因素。

经济发达国家的上市公司有一种趋势,即独立董事由其他公司的高管人员(包括退休的高管人员)担任。Bizjik(2002)的研究发现,在

1 376个样本公司中,40.16%的公司聘请了其他公司的高管人员担任独立董事,他们在企业经营、决策和管理等方面具有非常丰富的经验。

因此,笔者认为,公司业务复杂化会加大董事会监督的难度,因而提高了对公司治理的要求。而背景各不相同的独立董事可以对公司经营提出富于价值的专业性意见。譬如,拥有多元化业务和多地区经营的公司将会从具备不同专业技术的独立董事的建议中获得效益。

5.2.3 业务复杂度、独立董事与股价同步性

5.2.3.1 复杂经营环境下的机会主义概率

公司业务复杂度的提高会导致公司透明度的降低,会扩大管理层和股东之间及控股股东和中小股东之间的信息差距,因而可能提升管理层和控股股东的道德风险程度。Bushman等(2004)的研究表明,业务复杂度的提高会引发大股东和管理层机会主义概率的增加,从而要求监督能力更强的治理机制予以匹配。比如,相比较专业化经营的公司,外部投资者很难找到与业务复杂公司进行横向比较的公司,难以对公司的经营业绩做出合理正确的评价。因此他们指出,业务复杂的公司会聘请更多的独立董事,以此来尽可能地获取独立董事的各种建议,帮助改善公司的经营活动;Lehn等(2004)认为,公司规模越大,对外部独立董事的需求也就越多,因为规模越大的公司会产生更严重的代理问题;Coles等(2005)的研究也指出,涉足多行业经营的公司为了更有效地监督公司的经营活动,会聘请数量更多的独立董事。

另一方面,Jin和Myers(2006)的研究表明,当用控制权来表征公司信息透明度时,透明度低的公司的股价同步性却越高。遵循这一逻辑,公司业务复杂度也可能通过信息透明度来增进股价同步性,阻碍特质信息的释放。

5.2.3.2 复杂经营环境下的行业专家:能力和声誉效应

由于业务复杂度引发了较高的机会主义概率(Bushman等,2004),因此复杂经营环境下的监督需要专业能力和声誉机制的保障。业务复杂度可能是行业专家履职的触发器,他们或是自己充当平衡业

务复杂度的治理机制,或是促成其他有利于监督复杂经营的机制。就后者而言,触发复杂环境下的特质信息释放符合俞伟峰等(2010)的论断,即中国的独立董事尽可能避免直接顶撞管理层,而是通过增加信息透明度来履职。显然,相对于其他独立董事,行业专家型独立董事的优势在于对本公司经营业务的理解,这是由其专业能力所决定的。凭借对业务的精通和敏感,行业专家可以深刻洞悉公司内部人的业务动机,从而提高董事会对经营复杂环境下机会主义的关注度。比如,一项跨行业兼并业务与公司主营业务的相关性如何?是起支撑作用,还是增加了风险?该业务是否存在大股东利用其优势地位通过财富转移实现其控制权收益?行业专家可以凭借其专业优势,探明这项业务的根本目的,并通过适当的方式向外传递信号。另外,行业专家还背负着行业精英的称号,如果因业务原因引发股东价值的毁损,会招致严重声誉损失。也就是说,"专家效应"和"声誉效应"的双重作用有利于激发行业专家在复杂经营环境下的监督效应。

5.2.3.3　行业专家的协同治理效应

在客户压力较大的情况下,行业专家可以利用所拥有的经营业务的专业知识作为桥梁,实现和其他专家的协同监督。譬如,药业公司等专业性较强的公司,其监督难以由会计专家独立完成。此时,如果公司与关联方进行技术合作的关联交易,则需要行业专家由生产工艺入手,判断该药物是否需要改进生产工艺及生产设备更新,进而与会计专家共同发表独立意见。

此外,现有研究表明,独立董事并非独立地行使治理职能,而是会在关系网络中表现其作用。比如董事 A 是公司 M 的独立董事,同时又是同行业公司 N 的内部执行高管,则 A 引发了公司 M 和 N 的弱连接,如果 N 公司也存在行业专家,则会有助于 M 公司特质信息的释放。因此,行业专家身处的关系网络也有助于公司信息的释放。下面以一个案例来观察行业专家促进特质信息的释放。在代码为 600805 的上市公司的 2006 年年报中可以发现该公司的独立董事中有行业专家。独立董事们对公司的重大事项出具了"非清洁"意见。在该意见中,独立董事在本年度不仅关注于公司不分红的现象,而且就此现象和公司内部人进行了沟通,对他们进行了提醒,还出具了保留式的意见,整个过程显然有助于投资者对公司特质信息的把握。同时,独立董事强调公司在 2006 年完成股改后,存在"财务结构不合理"及"产业发展与业绩不均衡"的问题。如果股改使得公司的产权结构发生变化,从而引致大股东动机的变化,那么这可能会引发公司行为的复杂化,从而触发行业专家的监督职能,此例可证明中国的独立董事绝非形同虚设。

5.2.4 研究假设

根据上述分析,本章提出下列假设。

假设 1:独立董事比例($INDEP$)越高,越会削弱业务复杂度与股价同步性的正相关关系。

假设 2:行业独立董事($DEXP$)的引入会削弱业务复杂度与股价同步性的正相关关系。

5.3 研究设计

5.3.1 样本选择和数据来源

自 2002 年我国强制引入独立董事后,上市公司从 2004 年起还被要求披露高级管理人员近 5 年的工作简历,这为本章研究的独立董事行业背景数据提供了来源。上市公司独立董事的行业专长背景变量源自手工搜集,当某样本观测值至少有一名独立董事背景资料缺失时,则被视为无效样本。行业专长的判断依照中国证监会公布的行业分类索引,当独立董事具有和行业相关的工作经历(包括在该行业协会、学会任职)或者学历,则被视为具有行业专长,其他各变量的选取与度量与第 3 章相同。

本章以 2004—2008 年间所有的 A 股非金融类公司为研究样本,在删除了因变量缺失而无法检验的样本后,模型共获得了 5 498 个观测点,与第 3 章相同。随后对有效观测值的所有连续变量按年度在上下 1%的水平上缩尾(winsorize),以避免极值效应。

5.3.2　研究模型

5.3.2.1　行业独立董事、独立董事比例对股价同步性的影响

模型 1：

$$RSQ = \alpha + \beta_1 \times MU1 + \beta_2 \times DEXP + \beta_3 \times INDEP +$$
$$\beta_4 \times BIG4 + \beta_5 \times ROA + \beta_6 \times GROW + \beta_7 \times OCFTA +$$
$$\beta_8 \times OP + \beta_9 \times LOSS + \beta_{10} \times SP + \beta_{11} \times STATE +$$
$$\beta_{12} \times DE + \beta_{13} \times SIZE + \sum YEAR + \sum IND \quad (5.1)$$

模型 2：

$$RSQ = \alpha + \beta_1 \times HDI + \beta_2 \times DEXP + \beta_3 \times INDEP + \beta_4 \times BIG4 +$$
$$\beta_5 \times ROA + \beta_6 \times GROW + \beta_7 \times OCFTA + \beta_8 \times OP +$$
$$\beta_9 \times LOSS + \beta_{10} \times SP + \beta_{11} \times STATE + \beta_{12} \times DE +$$
$$\beta_{13} \times SIZE + \sum YEAR + \sum IND \quad (5.2)$$

模型 3：

$$RSQ = \alpha + \beta_1 \times SEGMENTS + \beta_2 \times DEXP + \beta_3 \times INDEP +$$
$$\beta_4 \times BIG4 + \beta_5 \times ROA + \beta_6 \times GROW + \beta_7 \times OCFTA +$$
$$\beta_8 \times OP + \beta_9 \times LOSS + \beta_{10} \times SP + \beta_{11} \times STATE +$$
$$\beta_{12} \times DE + \beta_{13} \times SIZE + \sum YEAR + \sum IND \quad (5.3)$$

5.3.2.2　独立董事比例的调节效应

模型 4：

$$RSQ = \alpha + \beta_1 \times MU1 + \beta_2 \times DEXP + \beta_3 \times INDEP +$$
$$\beta_4 \times INDEP\_MU1 + \beta_5 \times BIG4 + \beta_6 \times ROA +$$
$$\beta_7 \times GROW + \beta_8 \times OCFTA + \beta_9 \times OP + \beta_{10} \times LOSS +$$
$$\beta_{11} \times SP + \beta_{12} \times STATE + \beta_{13} \times DE + \beta_{14} \times SIZE +$$
$$\sum YEAR + \sum IND \quad (5.4)$$

模型 5：

$$RSQ = \alpha + \beta_1 \times HDI + \beta_2 \times DEXP + \beta_3 \times INDEP +$$
$$\beta_4 \times INDEP\_HDI + \beta_5 \times BIG4 + \beta_6 \times ROA +$$
$$\beta_7 \times GROW + \beta_8 \times OCFTA + \beta_9 \times OP + \beta_{10} \times LOSS +$$

$$\beta_{11} \times SP + \beta_{12} \times STATE + \beta_{13} \times DE + \beta_{14} \times SIZE +$$

$$\sum YEAR + \sum IND \tag{5.5}$$

模型6：

$$RSQ = \alpha + \beta_1 \times SEGMENTS + \beta_2 \times DEXP + \beta_3 \times INDEP +$$
$$\beta_4 \times INDEP\_SEGMENTS + \beta_5 \times BIG4 + \beta_6 \times ROA +$$
$$\beta_7 \times GROW + \beta_8 \times OCFTA + \beta_9 \times OP + \beta_{10} \times LOSS +$$
$$\beta_{11} \times SP + \beta_{12} \times STATE + \beta_{13} \times DE + \beta_{14} \times SIZE +$$

$$\sum YEAR + \sum IND \tag{5.6}$$

5.3.2.3 行业独立董事的调节效应

模型7：

$$RSQ = \alpha + \beta_1 \times MU1 + \beta_2 \times DEXP + \beta_3 \times DEXP\_MU1 +$$
$$\beta_4 \times INDEP + \beta_5 \times BIG4 + \beta_6 \times ROA + \beta_7 \times GROW +$$
$$\beta_8 \times OCFTA + \beta_9 \times OP + \beta_{10} \times LOSS + \beta_{11} \times SP +$$
$$\beta_{12} \times STATE + \beta_{13} \times DE + \beta_{14} \times SIZE +$$

$$\sum YEAR + \sum IND \tag{5.7}$$

模型8：

$$RSQ = \alpha + \beta_1 \times HDI + \beta_2 \times DEXP + \beta_3 \times DEXP\_HDI +$$
$$\beta_4 \times INDEP + \beta_5 \times BIG4 + \beta_6 \times ROA + \beta_7 \times GROW +$$
$$\beta_8 \times OCFTA + \beta_9 \times OP + \beta_{10} \times LOSS + \beta_{11} \times SP +$$
$$\beta_{12} \times STATE + \beta_{13} \times DE + \beta_{14} \times SIZE +$$

$$\sum YEAR + \sum IND \tag{5.8}$$

模型9：

$$RSQ = \alpha + \beta_1 \times SEGMENTS + \beta_2 \times DEXP +$$
$$\beta_3 \times DEXP\_SEGMENTS + \beta_4 \times INDEP +$$
$$\beta_5 \times BIG4 + \beta_6 \times ROA + \beta_7 \times GROW +$$
$$\beta_8 \times OCFTA + \beta_9 \times OP + \beta_{10} \times LOSS + \beta_{11} \times SP +$$
$$\beta_{12} \times STATE + \beta_{13} \times DE + \beta_{14} \times SIZE +$$

$$\sum YEAR + \sum IND \tag{5.9}$$

5.3.2.4　行业独立董事、独立董事比例的共同调节效应

模型 10：

$$RSQ = \alpha + \beta_1 \times MU1 + \beta_2 \times DEXP + \beta_3 \times DEXP\_MU1 + \beta_4 \times INDEP + \beta_5 \times INDEP\_MU1 + \beta_6 \times BIG4 + \beta_7 \times ROA + \beta_8 \times GROW + \beta_9 \times OCFTA + \beta_{10} \times OP + \beta_{11} \times LOSS + \beta_{12} \times SP + \beta_{13} \times STATE + \beta_{14} \times DE + \beta_{15} \times SIZE + \sum YEAR + \sum IND \qquad (5.10)$$

模型 11：

$$RSQ = \alpha + \beta_1 \times HDI + \beta_2 \times DEXP + \beta_3 \times DEXP\_HDI + \beta_4 \times INDEP + \beta_5 \times INDEP\_HDI + \beta_6 \times BIG4 + \beta_7 \times ROA + \beta_8 \times GROW + \beta_9 \times OCFTA + \beta_{10} \times OP + \beta_{11} \times LOSS + \beta_{12} \times SP + \beta_{13} \times STATE + \beta_{14} \times DE + \beta_{15} \times SIZE + \sum YEAR + \sum IND \qquad (5.11)$$

模型 12：

$$RSQ = \alpha + \beta_1 \times SEGMENTS + \beta_2 \times DEXP + \beta_3 \times DEXP\_SEGMENTS + \beta_4 \times INDEP + \beta_5 \times INDEP\_SEGMENTS + \beta_6 \times BIG4 + \beta_7 \times ROA + \beta_8 \times GROW + \beta_9 \times OCFTA + \beta_{10} \times OP + \beta_{11} \times LOSS + \beta_{12} \times SP + \beta_{13} \times STATE + \beta_{14} \times DE + \beta_{15} \times SIZE + \sum YEAR + \sum IND \qquad (5.12)$$

5.4　实证分析

5.4.1　描述性统计

变量的描述性统计见表 5.1，由描述性统计结果可以看出，我国上市公司独立董事的比例均值为 34.8%，有 46.6% 的公司聘请了行业独立董事。

表 5.1 变量描述性统计

变量	样本量	标准差	最小值	最大值	中位数	均值
DEXP	5 498	0.499	0.000	1.000	0.000	0.466
INDEP	5 498	0.064	0.000	0.667	0.333	0.348
R^2	5 498	0.152	0.000	0.862	0.419	0.414
RSQ	5 498	0.724	−3.179	1.362	−0.326	−0.401
MU1	5 498	1.103	1.000	8.000	2.000	1.984
HDI	5 498	0.273	0.156	2.096	0.557	0.619
SEGMENTS	5 498	2.414	1.000	15.000	4.000	4.187
BIG4	5 498	0.243	0.000	1.000	0.000	0.063
ROA	5 498	0.082	−0.440	0.263	0.025	0.020
GROW	5 498	0.661	−0.843	7.670	0.152	0.240
OCFTA	5 498	0.086	−0.245	0.325	0.053	0.054
OP	5 498	0.283	0.000	1.000	0.000	0.088
LOSS	5 498	0.349	0.000	1.000	0.000	0.142
SP	5 498	0.356	0.000	1.000	0.000	0.148
STATE	5 498	0.476	0.000	1.000	1.000	0.655
DE	5 498	0.251	0.073	2.271	0.526	0.533
SIZE	5 498	1.070	18.757	25.250	21.270	21.364

RSQ:衡量股价同步性。股价同步性越低,代表公司的特质信息传递得越好。

DEXP:上市公司至少聘请了1名具有行业专长背景的独立董事取1;否则为0。

INDEP:上市公司独立董事的比例。

MU1:公司收入涉及的行业数,按照证监会13类行业分类处理。来自于公司披露的按行业分类的收入,根据证监会行业分类进行判断。

HDI:赫芬达尔指数,由每一个分部销售额占公司总销售额的平方和计算。

SEGMENTS:分部报告确定的分部数。

BIG4:样本公司聘请了四大合资型事务所作为审计方取1;否则为0。

ROA:样本公司的总资产回报率。

GROW:样本公司主营业务收入增长率。

OCFTA:样本公司经营活动现金净流量/[(年初总资产+年末总资产)/2]。

OP:样本公司被出具非标准审计意见取1;否则为0。

LOSS:样本公司亏损取1;否则为0。

SP:样本公司总资产回报率在[0,0.01]之间取1;否则为0。

DE:样本公司的资产负债率。

SIZE:样本公司总资产的自然对数。

样本公司行业专家型独立董事的聘请状况见表5.2。

表 5.2　具有行业专长独立董事（DEXP）的聘请

行业名称	2004 年公司数	聘请比例/%	2005 年公司数	聘请比例/%	2006 年公司数	聘请比例/%	2007 年公司数	聘请比例/%	2008 年公司数	聘请比例/%	2004—2008 年公司数	聘请比例/%
农、林、牧、渔业	10	50.00	15	62.50	14	60.87	13	52.00	15	55.56	67	56.30
采掘业	8	42.11	11	50.00	9	45.00	11	47.83	23	65.71	62	52.10
食品加工和制造业	20	39.22	25	44.64	17	38.64	21	39.62	22	41.51	105	40.86
纺织、服装制造业	17	48.57	22	51.16	23	56.10	29	60.42	28	53.85	119	54.34
纸、印刷业	4	17.39	8	28.57	7	31.82	10	34.48	10	29.41	39	28.68
石油、化学制造业	53	50.96	55	47.01	47	46.08	55	48.67	60	48.00	270	48.13
电子制造业	23	65.71	30	76.92	23	65.71	19	57.58	32	64.00	127	66.15
金属和非金属制品业	41	51.90	45	55.56	55	57.89	56	57.73	62	57.41	259	56.30
机械设备、仪器制造业	82	53.25	90	52.63	76	52.05	82	54.67	88	52.07	418	52.91
医药和生物药品制造业	44	63.77	49	59.04	49	62.82	44	59.46	46	61.33	232	61.21
其他制造业	22	44.90	24	47.06	27	54.00	25	50.00	30	55.56	128	50.39

续表

行业名称	2004年公司数	聘请比例/%	2005年公司数	聘请比例/%	2006年公司数	聘请比例/%	2007年公司数	聘请比例/%	2008年公司数	聘请比例/%	2004—2008年公司数	聘请比例/%
电力、煤气及水的生产和供应业	13	72.22	14	66.67	14	66.67	12	57.14	14	60.87	67	64.42
建筑业	17	48.57	21	51.22	21	47.73	18	36.73	21	42.86	98	44.95
交通运输和仓储业	38	60.32	38	55.88	31	53.45	35	53.85	37	50.00	179	54.57
通信和计算机服务业	14	17.28	13	15.12	14	16.09	15	17.44	13	15.29	69	16.24
批发和零售贸易业	29	35.37	29	35.37	38	44.71	34	40.00	25	30.49	155	37.26
房地产开发和经营业	10	31.25	9	27.27	7	20.59	9	25.71	10	23.81	45	25.57
社会服务业	6	46.15	4	33.33	5	41.67	6	60.00	6	54.55	27	46.55
综合类	22	41.51	20	38.46	19	30.65	19	31.67	14	23.33	94	32.75
合计	473	46.60	522	47.03	496	46.84	513	46.38	556	46.03	2560	46.56

　　由表 5.2 可见,对行业专家型独立董事的聘请最高的行业为电子制造业,电力、煤气及水的生产和供应业,医药和生物药品制造业,这些公司超过 60％以上至少聘请了 1 名行业专家[①]。对行业专家型独立董事的聘请最低的行业为通信和计算机服务业,仅有约 16％的公司聘请了行业专家型独立董事,这可能与目前计算机人才丰富有关,无需太多的外力援助。5 年中,样本公司共有约 47％的公司聘请了行业专家,超过了王跃堂等(2006)、赵子夜(2006)的研究中列示的结果,说明样本公司对于行业专家型独立董事的聘请呈上升之势。样本公司独立董事比例($INDEP$)的分布情况见表 5.3。

表 5.3　样本公司独立董事比例($INDEP$)分布情况

	样本量	均值	中位数
Panel A:总体	5 498	0.348	0.333
Panel B:按年度分类			
2004	1 011	0.34	0.33
2005	1 105	0.35	0.33
2006	1 052	0.35	0.33
2007	1 080	0.36	0.33
2008	1 177	0.36	0.33
Panel C:按行业分类			
农、林、牧、渔业	119	0.36	0.33
采掘业	116	0.34	0.33
食品加工和制造业	253	0.34	0.33
纺织、服装和皮毛制造业	217	0.36	0.33
纸、印刷和文教体育用品制造业	135	0.34	0.33
石油、化学和塑胶制造业	551	0.35	0.33

---

　　①　赵子夜(2006)文中显示,对行业监督力需求最高的行业为建筑业、通信和计算机运用服务业、采掘业、电子制造业、医药和生物药品制造业,这些行业有超过半数的公司至少聘请了 1 名行业专家。

续表

	样本量	均值	中位数
电子制造业	192	0.36	0.33
金属和非金属矿物制品业	451	0.36	0.33
机械设备、仪器制造业	776	0.35	0.33
医药和生物药品制造业	373	0.36	0.33
其他制造业	253	0.35	0.33
电力、煤气及水的生产和供应业	103	0.36	0.33
建筑业	214	0.35	0.33
交通运输和仓储业	323	0.35	0.33
通信和计算机运用服务业	421	0.35	0.33
批发和零售贸易业	412	0.36	0.33
房地产开发和经营业	175	0.34	0.33
社会服务业	58	0.34	0.33
综合类	283	0.36	0.33

5.4.2 相关性分析

表 5.4～表 5.6 列出了样本公司特征变量的相关性分析结果。

表 5.4　变量相关系数（业务复杂度为 MU1）

变量	RSQ	DEXP	INDEP	MU1	BIG4	ROA	GROW
RSQ		0.044***	0.007	−0.007	0.020	0.050***	−0.030**
DEXP	0.055***		0.025*	−0.057***	0.020	0.055***	0.028**
INDEP	0.021	0.017		−0.030**	0.013	0.005	−0.011
MU1	0.015	−0.057***	−0.007		−0.032**	−0.106***	−0.008
BIG4	0.031**	0.020	0.011	−0.042***		0.135***	0.028**
ROA	0.120***	0.055***	0.007	−0.055***	0.096***		0.352***
GROW	−0.085***	0.010	0.021	0.006	0.003	0.233***	
OCFTA	−0.014	−0.020	−0.011	−0.045***	0.075***	0.316***	0.123***
OP	−0.232***	−0.073***	−0.038***	0.011	−0.038**	−0.490***	−0.126***
LOSS	−0.112***	−0.038***	−0.018	0.020	−0.050***	−0.713***	−0.181***
SP	−0.030**	−0.019	−0.005	0.065***	−0.066***	−0.076***	−0.058***
STATE	0.083***	0.068***	−0.071***	0.016	0.094***	0.056***	−0.016
DE	−0.260***	−0.075***	0.010	0.065***	−0.051***	−0.512***	−0.018
SIZE	0.268***	0.081***	0.018	0.068***	0.337***	0.251***	0.073***

续表

变量	OCFTA	OP	LOSS	SP	STATE	DE	SIZE
RSQ	-0.007	-0.198***	-0.101***	-0.030**	0.067***	-0.164***	0.232***
DEXP	-0.015	-0.073***	-0.038***	-0.019	0.068***	-0.069***	0.069***
INDEP	-0.028**	-0.017	0.001	-0.003	-0.074***	0.028**	0.013
MU1	-0.058***	0.017	0.026*	0.051***	0.017	0.099***	0.079***
BIG4	0.092***	-0.038***	-0.050***	-0.066***	0.094***	-0.048***	0.264***
ROA	0.372***	-0.335***	-0.601***	-0.404***	-0.003	-0.392***	0.206***
GROW	0.180***	-0.218***	-0.294***	-0.092***	0.044***	-0.007	0.169***
OCFTA		-0.172***	-0.232***	-0.113***	0.083	-0.159***	0.152***
OP	-0.151***		0.431***	0.003	-0.113***	0.278***	-0.203***
LOSS	-0.205***	0.431***		-0.170***	-0.056***	0.269***	-0.200***
SP	-0.091***	0.003	-0.170***		0.044***	0.072***	-0.067***
STATE	0.079***	-0113***	-0.056***	0.044***		-0.011	0.284***
DE	-0.162***	0.437***	0.343***	0.031**	-0.054***		0.166***
SIZE	0.129***	-0.214***	-0.196***	-0.072***	0.287***	-0.003	

注：表的右上部分为 Spearman 相关系数，左下部分为 Pearson 相关系数。*** 表示 p 在 0.01 水平差异显著，** 表示 p 在 0.05 水平差异显著，* 表示 p 在 0.10 水平差异显著。

表 5.5　变量相关系数(业务复杂度为 HDI)

变量	RSQ	DEXP	INDEP	HDI	BIG4	ROA	GROW
RSQ		0.044***	0.007	-0.116***	0.020	0.051***	-0.030**
DEXP	0.055***		0.025*	-0.068***	0.020	0.055***	0.028**
INDEP	0.021	0.017		-0.035**	0.013	0.005	-0.011
HDI	-0.109***	-0.061***	-0.011		0.028**	-0.045***	-0.060***
BIG4	0.031**	0.020	0.011	0.030**		0.135***	0.028**
ROA	0.120***	0.056***	0.007	-0.050***	0.096***		0.352***
GROW	-0.085***	0.010	0.021	-0.010	0.003	0.233***	
OCFTA	-0.014	-0.020	-0.011	0.026*	0.075***	0.316***	0.123***
OP	-0.232***	-0.073***	-0.038***	0.046***	-0.038*	-0.490***	-0.126***
LOSS	-0.112***	-0.038***	-0.018	0.051***	-0.050***	-0.713***	-0.181***
SP	-0.030**	-0.019	-0.005	0.008	-0.066***	-0.076***	0.058***
STATE	0.083***	0.068***	-0.071***	0.005	0.094***	0.056***	-0.017
DE	-0.260***	-0.075***	0.010	0.048***	-0.051***	-0.512***	-0.018
SIZE	0.268***	0.081***	0.018	-0.032*	0.337***	0.251***	0.073***

续表

变量	OCFTA	OP	LOSS	SP	STATE	DE	SIZE
RSQ	−0.008	−0.198***	−0.101***	−0.030**	0.067***	−0.164***	0.232***
DEXP	−0.015	−0.073***	−0.038***	−0.019	0.068***	−0.069***	0.069***
INDEP	−0.028**	−0.017	0.001	−0.003	−0.074***	0.028**	0.013
HDI	0.038***	0.057***	0.053***	0.011	0.014	0.029**	−0.052***
BIG4	0.092***	−0.038***	−0.050***	−0.066***	0.094***	−0.048***	0.264***
ROA	0.372***	−0.335***	−0.601***	−0.404***	−0.003	−0.392***	0.206***
GROW	0.180***	−0.218***	−0.294***	−0.092***	0.044***	−0.007	0.169***
OCFTA		−0.172***	−0.232***	−0.113***	0.083***	−0.159***	0.152***
OP	−0.151***		0.431***	0.003	−0.113***	0.278***	−0.203***
LOSS	−0.205***	0.431***		−0.170***	−0.056***	0.269***	−0.200***
SP	−0.091***	0.003	−0.170***		0.044***	0.072***	−0.067***
STATE	0.079***	−0113***	−0.056***	0.044***		−0.011	0.284***
DE	−0.162***	0.437***	0.343***	0.031**	−0.054***		0.166***
SIZE	0.129***	−0.214***	−0.195***	−0.072***	0.287***	−0.003	

注：表的右上部分为 Spearman 相关系数，左下部分为 Pearson 相关系数。*** 表示 p 在 0.01 水平差异显著，** 表示 p 在 0.05 水平差异显著，* 表示 p 在 0.10 水平差异显著。

表 5.6　变量相关系数(业务复杂度为 SEGMENTS)

变量	RSQ	DEXP	INDEP	SEGMENTS	BIG4	ROA	GROW
RSQ		0.044***	0.007	-0.103***	0.020	0.050***	-0.030**
DEXP	0.055***		0.025*	0.037***	0.020	0.055***	0.028**
INDEP	0.021	0.017		0.011	0.013	0.005	-0.011
SEGMENTS	0.096	0.040***	0.009		-0.028**	0.026***	0.075***
BIG4	0.031**	0.020	0.011	-0.016		0.135***	0.028**
ROA	0.120***	0.055***	0.007	0.059***	0.096***		0.352***
GROW	-0.085***	0.010	0.021	0.050***	0.003	0.233***	
OCFTA	-0.014	-0.020	-0.011	-0.010	0.075***	0.316***	0.123***
OP	-0.232***	-0.073***	-0.038***	-0.074***	-0.038**	-0.050***	-0.126***
LOSS	-0.112***	-0.038***	-0.018	-0.057***	-0.050***	-0.713***	-0.181***
SP	-0.030**	-0.019	-0.005	-0.007	-0.066***	-0.076***	-0.058***
STATE	0.083***	0.068***	-0.071***	0.001	0.094***	0.056***	-0.017
DE	-0.260***	-0.075***	0.010	0.002	-0.051***	-0.512***	-0.018
SIZE	0.268***	0.081***	0.018	0.141***	0.337***	0.251***	0.073***

续表

变量	OCFTA	OP	LOSS	SP	STATE	DE	SIZE
RSQ	-0.008	-0.198***	-0.101***	-0.030**	0.067***	-0.164***	0.232***
DEXP	-0.015	-0.073***	-0.038***	-0.019	0.068***	-0.069***	0.069***
INDEP	-0.028**	-0.017	0.001	-0.003	-0.074***	0.028**	0.013
SEGMENTS	-0.022	-0.078***	-0.053***	-0.003	-0.003	0.044***	0.148***
BIG4	0.0924***	-0.038***	-0.050*	-0.066***	0.094***	-0.048***	0.264***
ROA	0.372***	-0.335***	-0.601***	-0.404***	-0.003	-0.392***	0.206***
GROW		-0.218***	-0.294***	-0.092***	0.044***	-0.007	0.169***
OCFTA	0.180***		-0.232***	-0.113***	0.083	-0.159***	0.152***
OP	-0.151***	-0.172***		0.003	-0.113***	0.278***	-0.203***
LOSS	-0.205***	0.431***	0.431***		-0.056***	0.269***	-0.200***
SP	-0.091***	0.003	-0.170***	-0.170***		0.072***	-0.067***
STATE	0.079***	-0113***	-0.056***	0.044***	0.044***	-0.011	0.284***
DE	-0.162***	0.437**	0.343***	0.031**	-0.054***		0.166***
SIZE	0.129***	-0.214***	-0.196***	-0.072***	0.287***	-0.003	

注:表的右上部分为 Spearman 相关系数,左下部分为 Pearson 相关系数。 *** 表示 p 在 0.01 水平差异显著, ** 表示 p 在 0.05 水平差异显著, * 表示 p 在 0.10 水平差异显著。

5.4.3　回归结果

行业独立董事、独立董事比例与股价同步性之间关系的检验结果见表 5.7。从表 5.7 中可见,在模型 1、模型 2、模型 3 中,无论是行业独立董事,还是独立董事比例与股价同步性之间的系数都不显著,表明行业独立董事、独立董事比例并不直接影响股价同步性。

独立董事比例调节效应的检验结果见表 5.8。在模型 4、模型 5、模型 6 中,交互项 $INDEP\_MU1$,$INDEP\_SEGMENTS$ 的系数为负,$INDEP\_HDI$ 的系数为正,但不显著,表明业务复杂背景下,独立董事比例的提高对于降低股价同步性的效果并不明显。

行业独立董事调节效应的检验结果见表 5.9。从表 5.9 可以看出,$DEXP\_MU1$ 和 $DEXP\_SEGMENTS$ 的系数显著为负,$DEXP\_HDI$ 的系数显著为正,表明业务复杂背景下,行业独立董事的引入有助于降低股价同步性,提高股价信息含量。

行业独立董事、独立董事比例共同调节效应的检验结果见表 5.10。由表 5.10 可见,$DEXP\_MU1$,$DEXP\_SEGMENTS$ 的系数显著为负,$DEXP\_HDI$ 的系数显著为正,$INDEP\_MU1$ 和 $INDEP\_SEGMENTS$ 的系数为负,$INDEP\_HDI$ 的系数为正,但不显著,可见结果未变。

所有模型的控制变量方面,$BIG4$ 的回归系数在 1% 水平上显著为负,表明由四大会计师事务所审计的公司股价同步性要低于非四大会计师事务所审计的公司的股价同步性;ROA 的回归系数在 1% 水平上显著为负,表明公司总资产回报率越高,股价同步性越低;$GROW$ 的回归系数在 1% 水平上显著为负,表明公司收入的增长率越高,股价同步性越低;$OCFTA$ 的回归系数在 1% 水平上显著为负,表明公司经营活动现金净流量占总资产比例越高,股价同步性越低;OP 的回归系数在 1% 水平上显著为负,表明被出具非标准审计意见公司的股价同步性要低于被出具标准审计意见的公司的股价同步性;$LOSS$ 的回归系数在 1% 水平上显著为负,表明亏损公司的股价同步性要低于非亏损公司的股价同步性;SP 的回归系数在 1% 水平上显著为负,表明微利公司的股价同步性要低于非微利公司的股价同步性;$STATE$ 的回归系数为正,但不显著;DE 的回归系数显著为负,表明公司资产负债率越高,股价同步性越低;$SIZE$ 的回归系数在 1% 水平上显著为正,表明公司规模越大,股价同步性越高。

表 5.7　独立董事比例和行业独立董事对股价同步性的影响

	模型 1		模型 2		模型 3	
	回归系数	p 值	回归系数	p 值	回归系数	p 值
截距项	-3.5160	0.0001	-3.4400	0.0001	-3.4940	0.0001
MU1	0.0167	0.0143				
HDI			-0.1010	0.0002		
SEGMENTS					0.0090	0.0031
DEXP	0.0090	0.5550	0.0060	0.7066	0.0070	0.6269
INDEP	0.0440	0.7278	0.0430	0.7346	0.0430	0.7345
BIG4	-0.1800	0.0001	-0.1880	0.0001	-0.1860	0.0001
ROA	-1.4940	0.0001	-1.4870	0.0001	-1.4970	0.0001
GROW	-0.0810	0.0001	-0.0800	0.0001	-0.0810	0.0001
OCFTA	-0.4010	0.0001	-0.3980	0.0001	-0.4040	0.0001
OP	-0.2520	0.0001	-0.2530	0.0001	-0.2510	0.0001
LOSS	-0.2390	0.0001	-0.2340	0.0001	-0.2360	0.0001
SP	-0.0600	0.0052	-0.0590	0.0066	-0.0590	0.0066
STATE	0.0120	0.4725	0.0100	0.5374	0.0120	0.4637
DE	-0.7490	0.0001	-0.7430	0.0001	-0.7490	0.0001
SIZE	0.1650	0.0001	0.1660	0.0001	0.1640	0.0001
年度效应	已控制		已控制		已控制	
行业效应	已控制		已控制		已控制	
样本量			5 498			
F 值	139.70***		140.10***		139.81***	
R^2	0.4723		0.4731		0.4725	

RSQ:衡量股价同步性。股价同步性越低,代表公司的特质信息传递得越好。

$DEXP$:上市公司至少聘请了 1 名具有行业专长背景的独立董事取 1;否则为 0。

$INDEP$:上市公司独立董事的比例。

$MU1$:公司收入涉及的行业数,按照证监会 13 类行业分类处理。来自于公司披露的按行业分类的收入,根据证监会行业分类进行判断。

HDI:赫芬达尔指数,由每一个分部销售额占公司总销售额的平方和计算。

$SEGMENTS$:分部报告确定的分部数。

$BIG4$:样本公司聘请了四大合资型事务所作为审计取 1;否则为 0。

ROA:样本公司的总资产回报率。

$GROW$:样本公司主营业务收入增长率。

$OCFTA$:样本公司经营活动现金净流量/[(年初总资产+年末总资产)/2]。

OP:样本公司被出具非标准审计意见取 1;否则为 0。

$LOSS$:样本公司亏损取 1;否则为 0。

SP:样本公司总资产回报率在[0,0.01]之间取 1;否则为 0。

DE:样本公司的资产负债率。

$SIZE$:样本公司总资产的自然对数。

表 5.8　独立董事比例的调节效应

	模型 4		模型 5		模型 6	
	回归系数	p 值	回归系数	p 值	回归系数	p 值
截距项	−3.625 0	0.000 1	−3.299 0	0.000 1	−3.576 0	0.000 1
$MU1$	0.073 0	0.083 4				
HDI			−0.338 0	0.059 4		
$SEGMENTS$					0.028 0	0.092 9
$DEXP$	0.009 0	0.555 4	0.006 0	0.704 7	0.007 0	0.615 8
$INDEP$	0.352 0	0.195 9	−0.359 0	0.213 4	0.273 0	0.300 1
$INDEP\_MU1$	−0.162 0	0.172 4				
$INDEP\_HDI$			0.679 0	0.176 4		
$INDEP\_SEGMENTS$					−0.056 0	0.235 5
$BIG4$	−0.186 0	0.000 1	−0.187 0	0.000 1	−0.186 0	0.000 1
ROA	−1.485 0	0.000 1	−1.483 0	0.000 1	−1.496 0	0.000 1

续表

	模型4		模型5		模型6	
	回归系数	p值	回归系数	p值	回归系数	p值
GROW	−0.081 0	0.000 1	−0.080 0	0.000 1	−0.081 0	0.000 1
OCFTA	−0.400 0	0.000 1	−0.396 0	0.000 1	−0.403 0	0.000 1
OP	−0.250 0	0.000 1	−0.251 0	0.000 1	−0.249 0	0.000 1
LOSS	−0.239 0	0.000 1	−0.233 0	0.000 1	−0.237 0	0.000 1
SP	−0.059 0	0.006 1	−0.058 0	0.006 9	−0.059 0	0.006 7
STATE	0.012 0	0.467 1	0.011 0	0.517 0	0.012 0	0.452 9
DE	−0.749 0	0.000 1	−0.744 0	0.000 1	−0.749 0	0.000 1
SIZE	0.165 0	0.000 1	0.166 0	0.000 1	0.164 0	0.000 1
年度效应	已控制		已控制		已控制	
行业效应	已控制		已控制		已控制	
样本量			5 498			
F值	135.92***		136.31***		135.98***	
R^2	0.472 6		0.473 3		0.472 7	

RSQ：衡量股价同步性。股价同步性越低，代表公司的特质信息传递得越好。

DEXP：上市公司至少聘请了1名具有行业专长背景的独立董事取1；否则为0。

INDEP：上市公司独立董事的比例。

MU1：公司收入涉及的行业数，按照证监会13类行业分类处理。来自于公司披露的按行业分类的收入，根据证监会行业分类进行判断。

HDI：赫芬达尔指数，由每一个分部销售额占公司总销售额的平方和计算。

SEGMENTS：分部报告确定的分部数。

BIG4：样本公司聘请了四大合资型事务所作为审计方取1；否则为0。

ROA：样本公司的总资产回报率。

GROW：样本公司主营业务收入增长率。

OCFTA：样本公司经营活动现金净流量/[（年初总资产＋年末总资产）/2]。

OP：样本公司被出具非标准审计意见取1；否则为0。

LOSS：样本公司亏损取1；否则为0。

SP：样本公司总资产回报率在[0,0.01]之间取1；否则为0。

DE：样本公司的资产负债率。

SIZE：样本公司总资产的自然对数。

表 5.9　行业独立董事的调节效应

	模型 7		模型 8		模型 9	
	回归系数	p 值	回归系数	p 值	回归系数	p 值
截距项	−3.535 0	0.000 1	−3.467 0	0.000 1	−3.499 0	0.000 1
MU1	0.028 0	0.001 3				
HDI			−0.069 0	0.062 8		
SEGMENTS					0.014 0	0.000 9
DEXP	0.059 0	0.040 1	0.046 0	0.174 6	0.049 0	0.088 8
INDEP	0.045 0	0.721 2	0.042 0	0.740 4	0.046 0	0.717 0
DEXP_MU1	−0.025 0	0.039 8				
DEXP_HDI			0.067 0	0.089 7		
DEXP_SEGMENTS					−0.010 0	0.073 8
BIG4	−0.186 0	0.000 1	−0.188 0	0.000 1	−0.184 0	0.000 1
ROA	−1.499 0	0.000 1	−1.488 0	0.000 1	−1.450 0	0.000 1
GROW	−0.081 0	0.000 1	−0.080 0	0.000 1	−0.081 0	0.000 1
OCFTA	−0.396 0	0.000 1	−0.400 0	0.000 1	−0.400 0	0.000 1
OP	−0.252 0	0.000 1	−0.253 0	0.000 1	−0.250 0	0.000 1
LOSS	−0.239 0	0.000 1	−0.233 0	0.000 1	−0.237 0	0.000 1
SP	−0.060 0	0.005 5	−0.058 0	0.007 1	−0.060 0	0.005 8
STATE	0.012 0	0.452 2	0.010 0	0.555 4	0.012 0	0.464 6
DE	−0.748 0	0.000 1	−0.744 0	0.000 1	−0.748 0	0.000 1
SIZE	0.165 0	0.000 1	0.166 0	0.000 1	0.163 0	0.000 1
年度效应	已控制		已控制		已控制	
行业效应	已控制		已控制		已控制	
样本量			5 498			
F 值	135.99***		136.27***		136.05***	
R^2	0.472 7		0.473 2		0.472 8	

　　RSQ:衡量股价同步性。股价同步性越低,代表公司的特质信息传递得越好。

　　DEXP:上市公司至少聘请了 1 名具有行业专长背景的独立董事取 1;否则为 0。

　　INDEP:上市公司独立董事的比例。

　　MU1:公司收入涉及的行业数,按照证监会 13 类行业分类处理。来自于公司披露的按行业分类的收入,根据证监会行业分类进行判断。

HDI:赫芬达尔指数,由每一个分部销售额占公司总销售额的平方和计算。

SEGMENTS:分部报告确定的分部数。

BIG4:样本公司聘请了四大合资型事务所作为审计方取 1;否则为 0。

ROA:样本公司的总资产回报率。

GROW:样本公司主营业务收入增长率。

OCFTA:样本公司经营活动现金净流量/[(年初总资产+年末总资产)/2]。

OP:样本公司被出具非标准审计意见取 1;否则为 0。

LOSS:样本公司亏损取 1;否则为 0。

SP:样本公司总资产回报率在[0,0.01]之间取 1;否则为 0。

DE:样本公司的资产负债率。

SIZE:样本公司总资产的自然对数。

表 5.10　独立董事比例和行业独立董事的双重调节效应

	模型 10		模型 11		模型 12	
	回归系数	p 值	回归系数	p 值	回归系数	p 值
截距项	-3.6460	0.0001	-3.3240	0.0001	-3.6500	0.0001
MU1	0.0860	0.0461				
HDI			-0.3090	0.0867		
SEGMENTS					0.0330	0.0557
DEXP	0.0600	0.0387	0.0470	0.1659	0.0540	0.0916
INDEP	0.3580	0.1869	-0.3670	0.2050	0.2810	0.3072
DEXP_MU1	-0.0250	0.0381				
INDEP_MU1	-0.1650	0.1642				
DEXP_HDI			0.0680	0.0187		
INDEP_HDI			0.6900	0.1704		
DEXP_ SEGMENTS					-0.0110	0.0785
INDEP_ SEGMENTS					-0.0540	0.2508
BIG4	-0.1860	0.0001	-0.1880	0.0001	-0.1840	0.0001
ROA	-1.4900	0.0001	-1.4840	0.0001	-1.4990	0.0001
GROW	-0.0820	0.0001	-0.0800	0.0001	-0.0810	0.0001
OCFTA	-0.3950	0.0001	-0.3980	0.0001	-0.3990	0.0001
OP	-0.2500	0.0001	-0.2520	0.0001	-0.2480	0.0001

124

续表

	模型 10		模型 11		模型 12	
	回归系数	p 值	回归系数	p 值	回归系数	p 值
LOSS	−0.2390	0.0001	−0.2330	0.0001	−0.2370	0.0001
SP	−0.0590	0.0065	−0.0580	0.0075	−0.0590	0.0059
STATE	0.0130	0.4466	0.0100	0.5347	0.0120	0.4541
DE	−0.7480	0.0001	−0.7450	0.0001	−0.7480	0.0001
SIZE	0.1650	0.0001	0.1660	0.0001	0.1630	0.0001
年度效应	已控制		已控制		已控制	
行业效应	已控制		已控制		已控制	
样本量			5 498			
F 值	132.42***		132.69***		132.42***	
R^2	0.4730		0.4735		0.4729	

　　RSQ：衡量股价同步性。股价同步性越低，代表公司的特质信息传递得越好。

　　DEXP：上市公司至少聘请了 1 名具有行业专长背景的独立董事取 1；否则为 0。

　　INDEP：上市公司独立董事的比例。

　　MU1：公司收入涉及的行业数，按照证监会 13 类行业分类处理。来自于公司披露的按行业分类的收入，根据证监会行业分类进行判断。

　　HDI：赫芬达尔指数，由每一个分部销售额占公司总销售额的平方和计算。

　　SEGMENTS：分部报告确定的分部数。

　　BIG4：样本公司聘请了四大合资型事务所作为审计方取 1；否则为 0。

　　ROA：样本公司的总资产回报率。

　　GROW：样本公司主营业务收入增长率。

　　OCFTA：样本公司经营活动现金净流量/[（年初总资产＋年末总资产）/2]。

　　OP：样本公司被出具非标准审计意见取 1；否则为 0。

　　LOSS：样本公司亏损取 1；否则为 0。

　　SP：样本公司总资产回报率在[0,0.01]之间取 1；否则为 0。

　　DE：样本公司的资产负债率。

　　SIZE：样本公司总资产的自然对数。

5.5　进一步分析

5.5.1　政治关联型行业专家对特质信息效应的影响

5.5.1.1　假设提出

政治关联一般与政治权力相关,独立董事的政治关联是指独立董事曾经或正在政府部门担任职务。政治关联可以帮助公司以较为低廉的成本获取各种有价值的资源,譬如得到更多的政府合同、融资机会、市场占有率、税收上的优惠甚至影响政府制定有利于公司利益的决策,从而增加公司价值。Agrawal 和 Knoeber(2001)的研究表明,具有政治关联的外部独立董事在与政府部门沟通时起到了关键性作用,有助于提升公司的业务量;Charum(2004)的研究表明,具有政治背景的独立董事对于提高融资成功率有正向的作用,具体表现为这样的企业可以用较少的抵押品获取较多的债务资金;Faccio(2006)通过对几个不同国家进行研究,发现有政治关联的企业比竞争对手在同等的情况下享有更低的税率。

相对而言,我国的市场化水平还不是很高,法制不够健全,产权保护意识不够浓厚,因此我国上市公司的政治关联相较于市场经济成熟国家具有"替代效应",即以政治关联弥补上述不足,以增强公司的竞争力。胡旭阳(2006)研究了民营企业家加入政协、人大这样具有政治关联的组织后,企业获得了较为宽松的经营环境,尤其在融资方面带来了很大的便利;罗党论(2008)对我国上市公司政治关联进行了研究,发现具有政治背景的公司在获得政府补贴方面比没有政治关联的公司更为容易。而且,越是制度环境差、政府控制力越强的地区,这种现象越为明显;潘洪波等(2008)认为我国在法治方面的环境不尽如人意,政治关联具有法治的"替代效应",以保护公司产权不受侵害。

因此,如果公司为了政治关系聘用行业专家,则体现为其通过独立董事获得资源支持的意愿,而未必是为了改善监督。研究人员预期政治关联型行业专家的监督效应弱于其他行业专家,基于上述分析,提出假设 3。

假设 3:具有政治关联型的行业专家体现了资源支持的功能,其促进特质信息释放的功能弱于其他行业专家。

5.5.1.2 样本检验

为检验假设 3,研究人员设计了变量 POL,当公司行业专家具有政治背景时 POL 取 1;否则为 0。所谓政治背景,是指独立董事在政府部门、人大、政协或者行业协会任职。为检验 POL 的调节效应,建立模型 13:

$$RSQ = \alpha + \beta_1 \times MU1 + \beta_2 \times BIG4 + \beta_3 \times ROA + \beta_4 \times \\ GROW + \beta_5 \times OCFTA + \beta_6 \times OP + \beta_7 \times LOSS + \\ \beta_8 \times SP + \beta_9 \times STATE + \beta_{10} \times DE + \beta_{11} \times SIZE + \\ \beta_{12} \times DEXP + \beta_{13} \times DEXP\_MU1 + \beta_{14} \times POL + \\ \beta_{15} \times POL\_DEXP + \beta_{16} \times POL\_MU1 + \\ \beta_{17} \times POL\_DEXP\_MU1 + \sum YEAR + \sum IND \quad (5.13)$$

模型主要包括了 $MU1$,$DEXP$,POL,$DEXP\_MU1$,POL_DEXP,POL_MU1 和 POL_DEXP_MU1 等变量,POL_DEXP_MU1 的估计系数预期为正,即有政治关联的行业专家的特质信息效应更弱。

5.5.1.3 回归结果

在 5 498 个观测值中,有 2 562 个观测值聘请了行业专家作为独立董事;其次,这 2 562 个观测值中又有 1 859 的行业专家中至少有 1 名具有政治背景。政治关联型行业专家对特质信息效应影响的检验结果见表 5.11。POL_DEXP_MU1 的系数为 0.090 4,p 值为 0.049 7,通过了双尾的正显著检验,说明政治关系削弱了行业专家对业务复杂度和股价同步性的调节效应。这一统计结论验证了假设 3,也暗示了公司聘请政治关系型行业专家的动机可能是为了实现资源支持,而非改善董事会的监督效应,从而这些专家未必会激发特质信息的释放。

表 5.11 政治关联型行业专家对特质信息效应的影响

	回归系数	标准误差	T 值	p 值
截距项	−3.672 1	0.118 2	−31.141 2	0.000 1
MU1	0.024 3	0.005 1	4.353 2	0.000 1
BIG4	−0.127 6	0.022 3	−5.795 2	0.000 1
ROA	−1.689 2	0.131 8	−12.911 9	0.000 1
GROW	−0.088 7	0.009 4	−9.412 7	0.000 1
OCFTA	−0.301 1	0.063 6	−4.743 6	0.000 1
OP	−0.269 4	0.030 5	−8.874 2	0.000 1
LOSS	−0.237 1	0.024 0	−9.825 3	0.000 1
SP	−0.045 6	0.016 3	−2.876 4	0.004 1
STATE	0.038 5	0.011 8	3.528 7	0.000 4
DE	−0.637 2	0.030 9	−21.087 7	0.000 1
SIZE	0.166 0	0.005 1	29.722 2	0.000 1
DEXP	0.045 2	0.025 2	1.802 3	0.072 0
DEXP_MU1	−0.024 3	0.011 5	−2.191 7	0.028 7
POL	0.133 7	0.108 6	1.231 4	0.220 0
POL_DEXP	−0.174 6	0.112 0	−1.555 0	0.120 9
POL_MU1	−0.089 0	0.049 1	−1.824 9	0.069 4
POL_DEXP_MU1	0.090 4	0.051 0	2.172 6	0.049 7
年度效应	已控制			
行业效应	已控制			
样本量	5 498			
F 值	158.54***			
R^2	0.405 9			

RSQ：衡量股价同步性。股价同步性越低，代表公司的特质信息传递得越好。

MU1：样本公司收入涉及的行业数，按照证监会 13 类行业分类处理。来自于公司披露的按行业分类的收入，根据证监会行业分类进行判断。

DEXP：样本公司至少聘请了 1 名行业专家型独立董事取 1；否则为 0。

POL:样本公司行业专家具有政治背景取 1;否则为 0。

BIG4:样本公司聘请了四大合资型事务所作为审计方取 1;否则为 0。

ROA:样本公司的总资产回报率。

GROW:样本公司主营业务收入增长率。

OCFTA:样本公司经营活动现金净流量/[(年初总资产+年末总资产)/2]。

OP:样本公司被出具非标准审计意见取 1;否则为 0。

LOSS:样本公司亏损取 1;否则为 0。

SP:样本公司总资产回报率在[0,0.01]之间取 1;否则为 0。

STATE:样本公司最终控制人为国有取 1;否则为 0。

DE:样本公司的资产负债率。

SIZE:样本公司总资产的自然对数。

5.5.2　业务波动率对特质信息效应的影响

5.5.2.1　假设提出

公司的业务波动率体现了经营风险,波动率越高的公司越容易引起投资者对特质信息的需求,从而促进行业专家的特质信息效应。因此,本章提出假设 4。

假设 4:业务波动率越高,投资者对特质信息的需求越大,行业专家的特质信息效应越明显。

5.5.2.2　样本检验

为检验假设 4,我们设立了变量 *STDSALE*,以公司历年收入占总资产比值的标准差刻画公司业务的波动率,并设立模型 14:

$$
\begin{aligned}
RSQ = {} & \alpha + \beta_1 \times MU1 + \beta_2 \times BIG4 + \beta_3 \times ROA + \beta_4 \times GROW + \\
& \beta_5 \times OCFTA + \beta_6 \times OP + \beta_7 \times LOSS + \beta_8 \times SP + \\
& \beta_9 \times STATE + \beta_{10} \times DE + \beta_{11} \times SIZE + \\
& \beta_{12} \times DEXP + \beta_{13} \times DEXP\_MU1 + \\
& \beta_{14} \times STDSALE + \beta_{15} \times STDSALE\_DEXP + \\
& \beta_{16} \times STDSALE\_MU1 + \beta_{17} \times STDSALE\_DEXP\_MU1 + \\
& \sum YEAR + \sum IND
\end{aligned}
\tag{5.14}
$$

模型主要包括了 *MU1*, *DEXP*, *STDSALE*, *DEXP_MU1*, *STDSALE_DEXP*, *STDSALE_MU1* 和 *STDSALE_DEXP_MU1* 等变量,*STDSALE_DEXP_MU1* 的估计系数预期为负。

5.5.2.3 回归结果

业务波动率对特质信息效应影响的回归结果见表 5.12。从表 5.12 中可以看出,$STDSALE\_DEXP\_MU1$ 的系数为 0.000 2,p 值为 0.851 9,假设 4 没有得到验证。

表 5.12 业务波动率对特质信息效应的影响

	回归系数	标准误差	T 值	p 值
截距项	−3.648 1	0.119 0	−30.653 2	0.000 1
MU1	0.029 2	0.007 9	3.654 6	0.000 3
BIG4	−0.126 4	0.021 8	−5.806 7	0.000 1
ROA	−1.671 8	0.130 7	−12.786 2	0.000 1
GROW	−0.087 5	0.009 4	−9.251 2	0.000 1
OCFTA	−0.308 0	0.063 5	−4.855 4	0.000 1
OP	−0.268 4	0.030 3	−8.843 2	0.000 1
LOSS	−0.236 3	0.024 1	−9.790 9	0.000 1
SP	−0.045 2	0.015 9	−2.876 5	0.004 1
STATE	0.040 8	0.010 9	3.643 8	0.000 3
DE	−0.625 1	0.030 6	−20.391 1	0.000 1
SIZE	0.165 8	0.005 6	29.572 3	0.000 1
DEXP	0.002 5	0.029 6	0.095 8	0.930 6
DEXP_MU1	−0.012 8	0.012 7	−1.002 3	0.315 9
STDSALE	−0.097 7	0.085 0	−1.154 5	0.250 6
STDSALE_DEXP	0.111 2	0.123 5	0.906 7	0.368 2
STDSALE_MU1	−0.024 6	0.031 8	−0.771 2	0.439 4
STDSALE_DEXP_MU1	−0.000 2	0.050 2	−0.000 0	0.851 9
年度效应	已控制			
行业效应	已控制			

续表

	回归系数	标准误差	T 值	p 值
样本量		5 498		
F 值		159.34***		
R^2		0.406 6		

RSQ：衡量股价同步性。股价同步性越低，代表公司的特质信息传递得越好。

$MU1$：样本公司收入涉及的行业数，按照证监会 13 类行业分类处理。来自于公司披露的按行业分类的收入，根据证监会行业分类进行判断。

$DEXP$：样本公司至少聘请了 1 名行业专家型独立董事取 1；否则为 0。

$STDSALE$：样本公司业务的波动率，用公司历年收入占总资产比值的标准差进行刻画。

$BIG4$：样本公司聘请了四大合资型事务所作为审计方取 1；否则为 0。

ROA：样本公司的总资产回报率。

$GROW$：样本公司主营业务收入增长率。

$OCFTA$：样本公司经营活动现金净流量 / [（年初总资产 ＋ 年末总资产）/2]。

OP：样本公司被出具非标准审计意见取 1；否则为 0。

$LOSS$：样本公司亏损取 1；否则为 0。

SP：样本公司总资产回报率在 [0,0.01] 之间取 1；否则为 0。

$STATE$：样本公司最终控制人为国有取 1；否则为 0。

DE：样本公司的资产负债率。

$SIZE$：样本公司总资产的自然对数。

5.5.3　业务集中度对特质信息效应的影响

5.5.3.1　假设提出

公司所处行业的业务集中度越高，行业的垄断性越强，投资者可以利用较多的行业信息进行价值投资，对特质信息的需求较低，这可能弱化行业专家的特质信息效应。因此，本章提出假设 5。

假设 5：公司所处行业的业务集中度越高，投资者对公司特质信息的需求越低，行业专家的特质信息效应越弱。

5.5.3.2　样本检验

为检验假设 5，我们设立了变量 $HERH$，以样本公司所在行业的各个公司当年收入占总行业收入比值的平方和刻画行业的集中

度,并设立模型 15:

$$RSQ=\alpha+\beta_1\times MU1+\beta_2\times BIG4+\beta_3\times ROA+$$
$$\beta_4\times GROW+\beta_5\times OCFTA+\beta_6\times OP+$$
$$\beta_7\times LOSS+\beta_8\times SP+\beta_9\times STATE+$$
$$\beta_{10}\times DE+\beta_{11}\times SIZE+\beta_{12}\times DEXP+$$
$$\beta_{13}\times DEXP\_MU1+\beta_{14}\times HERH+$$
$$\beta_{15}\times HERH\_DEXP+\beta_{16}\times HERH\_MU1+$$
$$\beta_{17}\times HERH\_DEXP\_MU1+\sum YEAR+\sum IND$$

$$(5.15)$$

模型主要包括了 $MU1$,$DEXP$,$HERH$,$DEXP\_MU1$,$HERH\_DEXP$,$HERH\_MU1$ 和 $HERH\_DEXP\_MU1$ 等变量,$HERH\_DEXP\_MU1$ 的估计系数预期为正。

5.5.3.3 回归结果

行业集中度对特质信息效应影响的回归结果见表 5.13。从表 5.13 中可以看出,$HERH\_DEXP\_MU1$ 的系数为 0.082 2,p 值为 0.501 7,未通过显著性检验。

表 5.13 业务集中度对特质信息效应的影响

	回归系数	标准误差	T 值	p 值
截距项	−3.617 6	0.119 5	−30.275 6	0.000 1
MU1	0.025 5	0.006 6	3.864 3	0.000 1
BIG4	−0.126 5	0.021 7	−5.823 3	0.000 1
ROA	−1.691 5	0.131 2	−12.897 1	0.000 1
GROW	−0.088 1	0.009 3	−9.391 8	0.000 1
OCFTA	−0.303 9	0.063 5	−4.792 2	0.000 1
OP	−0.269 5	0.030 3	−8.880 7	0.000 1
LOSS	−0.237 8	0.024 1	−9.847 4	0.000 1
SP	−0.047 1	0.015 8	−2.962 5	0.003 0

续表

	回归系数	标准误差	T 值	p 值
$STATE$	0.038 5	0.010 9	3.514 8	0.000 4
DE	−0.635 2	0.030 2	−20.988 0	0.000 1
$SIZE$	0.166 0	0.005 6	29.606 8	0.000 1
$DEXP$	0.027 0	0.022 5	1.203 2	0.232 0
$DEXP\_MU1$	−0.016 6	0.010 0	−1.664 1	0.097 4
$HERH$	−0.450 7	0.209 0	−2.164 4	0.031 1
$HERH\_DEXP$	−0.092 9	0.220 2	−0.425 6	0.673 0
$HERH\_MU1$	−0.024 6	0.061 7	−0.403 9	0.689 4
$HERH\_DEXP\_MU1$	0.082 2	0.079 4	0.821 1	0.501 7
年度效应	已控制			
行业效应	已控制			
样本量	5 498			
F 值	158.40***			
R^2	0.406 4			

RSQ：衡量股价同步性。股价同步性越低,代表公司的特质信息传递得越好。

$MU1$：样本公司收入涉及的行业数,按照证监会 13 类行业分类处理。来自于公司披露的按行业分类的收入,根据证监会行业分类进行判断。

$DEXP$：样本公司至少聘请了 1 名行业专家型独立董事取 1;否则为 0。

$HERH$：样本公司所在行业的各个公司当年收入占总行业收入比值的平方和,刻画行业的集中度。

$BIG4$：样本公司聘请了四大合资型事务所作为审计方取 1;否则为 0。

ROA：样本公司的总资产回报率。

$GROW$：样本公司主营业务收入增长率。

$OCFTA$：样本公司经营活动现金净流量/[(年初总资产+年末总资产)/2]。

OP：样本公司被出具非标准审计意见取 1;否则为 0。

$LOSS$：样本公司亏损取 1;否则为 0。

SP：样本公司总资产回报率在[0,0.01]之间取 1;否则为 0。

$STATE$：样本公司最终控制人为国有取 1;否则为 0。

DE：样本公司的资产负债率。

$SIZE$：样本公司总资产的自然对数。

5.5.4 公司现金流权和投票权的分离度对特质信息效应的影响

5.5.4.1 假设提出

考虑到公司现金流权和投票权的分离度会影响公司的信息透明度(Jin 和 Myers,2006),研究人员预期在两权分离度较高时,信息的不透明程度较高,投资者对特质信息的需求越强,行业专家的特质信息效应也越强。因此,本章提出假设 6。

假设 6:公司最终控制人的投票权相对于现金流权的差异越大,行业专家的特质信息效应越强。

5.5.4.2 样本检验

为检验假设 6,们设立了变量 SEP 刻画两权分离度,$SEP=$(公司最终控制人的投票权-现金流权)/现金流权,并设立模型 16:

$$RSQ = \alpha + \beta_1 \times MU1 + \beta_2 \times BIG4 + \beta_3 \times ROA + \\ \beta_4 \times GROW + \beta_5 \times OCFTA + \beta_6 \times OP + \\ \beta_7 \times LOSS + \beta_8 \times SP + \beta_9 \times STATE + \\ \beta_{10} \times DE + \beta_{11} \times SIZE + \beta_{12} \times DEXP + \\ \beta_{13} \times DEXP\_MU1 + \beta_{14} \times SEP + \\ \beta_{15} \times SEP\_DEXP + \beta_{16} \times SEP\_MU1 + \\ \beta_{17} \times SEP\_DEXP\_MU1 + \sum YEAR + \sum IND$$

$$(5.16)$$

模型主要包括了 $MU1$,$DEXP$,SEP,$DEXP\_MU1$,SEP_DEXP,SEP_MU1 和 SEP_DEXP_MU1 等变量,SEP_DEXP_MU1 的估计系数预期为负。

5.5.4.3 归结果

两权分离度对特质信息效应影响的回归结果见表 5.14。从表 5.14 中可以看出,SEP_DEXP_MU1 的系数为 0.032 7,p 值为 0.781 2,假设 6 未得到验证。

表 5.14　公司现金流权和投票权的分离度对特质信息效应的影响

	回归系数	标准误差	T 值	p 值
截距项	-3.6365	0.1240	-29.3254	0.0001
$MU1$	0.0233	0.0069	3.3423	0.0008
$BIG4$	-0.1251	0.0227	-5.5066	0.0001
ROA	-1.7245	0.1370	-12.5917	0.0001
$GROW$	-0.0894	0.0098	-9.0737	0.0001
$OCFTA$	-0.2892	0.0691	-4.1848	0.0001
OP	-0.2891	0.0350	-8.2557	0.0001
$LOSS$	-0.2413	0.0253	-9.5128	0.0001
SP	-0.0527	0.0172	-3.0660	0.0022
$STATE$	0.0362	0.0124	2.9236	0.0035
DE	-0.5775	0.0312	-18.4928	0.0001
$SIZE$	0.1636	0.0058	28.0556	0.0001
$DEXP$	0.0117	0.0250	0.4782	0.6405
$DEXP\_MU1$	-0.0159	0.0109	-1.4648	0.1454
SEP	-0.0913	0.1864	-0.4911	0.6242
SEP_DEXP	0.2001	0.2599	0.7746	0.4413
SEP_MU1	0.0020	0.0863	0.0220	0.9812
SEP_DEXP_MU1	0.0327	0.1254	0.2132	0.7812
年度效应	已控制			
行业效应	已控制			
样本量	5 498			
F 值	144.23^{***}			
R^2	0.4062			

　　RSQ：衡量股价同步性。股价同步性越低，代表公司的特质信息传递得越好。

　　$MU1$：样本公司收入涉及的行业数，按照证监会 13 类行业分类处理。来自于公司披露的按行业分类的收入，根据证监会行业分类进行判断。

　　$DEXP$：样本公司至少聘请了 1 名行业专家型独立董事取 1；否则为 0。

　　SEP：两权分离度，为 (公司最终控制人的投票权 — 现金流权)/现金流权。

　　$BIG4$：样本公司聘请了四大合资型事务所作为审计方取 1；否则为 0。

ROA:样本公司的总资产回报率。

GROW:样本公司主营业务收入增长率。

OCFTA:样本公司经营活动现金净流量/[(年初总资产+年末总资产)/2]。

OP:样本公司被出具非标准审计意见取 1;否则为 0。

LOSS:样本公司亏损取 1;否则为 0。

SP:样本公司总资产回报率在[0,0.01]之间取 1;否则为 0。

STATE:样本公司最终控制人为国有取 1;否则为 0。

DE:样本公司的资产负债率。

SIZE:样本公司总资产的自然对数。

5.5.5 差分模型测试

考虑到 *DEXP* 可能存在内生性问题,研究人员采用差分模型检验行业专家聘入或者退出时的差异。检验模型为模型 17、模型 18:

$$RSQ = \alpha + \beta_1 \times MU1 + \beta_2 \times OUT + \beta_3 \times OUT\_MU1 +$$
$$\beta_4 \times BIG4 + \beta_5 \times ROA + \beta_6 \times GROW +$$
$$\beta_7 \times OCFTA + \beta_8 \times OP + \beta_9 \times LOSS +$$
$$\beta_{10} \times SP + \beta_{11} \times STATE + \beta_{12} \times DE +$$
$$\beta_{13} \times SIZE + \sum YEAR + \sum IND \tag{5.17}$$

$$RSQ = \alpha + \beta_1 \times MU1 + \beta_2 \times IN + \beta_3 \times IN\_MU1 +$$
$$\beta_4 \times BIG4 + \beta_5 \times ROA + \beta_6 \times GROW +$$
$$\beta_7 \times OCFTA + \beta_8 \times OP + \beta_9 \times LOSS +$$
$$\beta_{10} \times SP + \beta_{11} \times STATE + \beta_{12} \times DE +$$
$$\beta_{13} \times SIZE + \sum YEAR + \sum IND \tag{5.18}$$

具体的做法如下,首先在全部观测值中确定 $t-1$ 年和 t 年都没有行业专家的观测值作为对照组,然后用专家进入组和专家退出组分别和对照组进行比较,获得两个差,再比较两个差之间的差异。其中,专家退出组对应 *OUT* 变量,即 $t-1$ 期有专家,t 期专家退出取 1,共计 287 个观测值。研究人员用 *OUT* 替换 *DEXP* 进行检验,发现 *OUT_MU1* 的估计系数是 -0.0030。接下来研究人员设计 *IN* 变量,即 $t-1$ 期无专家,t 期专家进入取 1,共计 173 个观测值,代入模型检验,发现 *IN_MU1* 的系数为 0.004 1。*OUT_MU1* 和 *IN_MU1* 的系数差异比较的 p 值为 0.7,不存在显著性差异。这意味着差分模型的结果并不直接支持本书的结论。这可能是由于独立董事的聘期相对稳定所引发,即专家变动的情形占总样本的比例较低所致。差分模型的检验结果也暗示研究人员所发现的结果可能主要来自于 $t-1$ 期和 t 期均无专家的样本和两期都有专家的样本之间,具体检验结果见表 5.15 和表 5.16。

表 5.15　行业专家退出组检验

	回归系数	标准误差	T 值	p 值
截距项	-3.584 1	0.147 5	-24.291 2	0.000 1
MU1	0.026 4	0.005 8	4.552 1	0.987 4
OUT	0.012 1	0.052 1	0.233 4	0.816 4
OUT_MU1	-0.003 0	0.022 5	-0.275 1	0.790 5
BIG4	-0.087 2	0.027 9	-3.136 8	0.001 8
ROA	-1.768 3	0.141 1	-12.534 3	0.000 1
GROW	-0.092 1	0.010 0	-9.192 1	0.000 1
OCFTA	-0.206 7	0.075 5	-2.746 5	0.006 3
OP	-0.273 4	0.030 5	-8.958 5	0.000 1
LOSS	-0.219 4	0.029 0	-7.569 3	0.000 1
SP	-0.007 5	0.019 8	-0.386 4	0.702 7
STATE	0.055 8	0.013 5	4.132 5	0.000 1
DE	-0.628 2	0.032 4	-19.354 4	0.000 1
SIZE	0.157 0	0.006 8	22.992 1	0.000 1
年度效应	已控制			
行业效应	已控制			
样本量	5 498			
F 值	113.23***			
R^2	0.370 4			

RSQ:衡量股价同步性。股价同步性越低,代表公司的特质信息传递得越好。

MU1:样本公司收入涉及的行业数,按照证监会 13 类行业分类处理。来自于公司披露的按行业分类的收入,根据证监会行业分类进行判断。

OUT: $t-1$ 期有专家,t 期专家退出取 1;否则为 0。

BIG4:样本公司聘请了四大合资型事务所作为审计方取 1;否则为 0。

ROA:样本公司的总资产回报率。

GROW:样本公司主营业务收入增长率。

OCFTA:样本公司经营活动现金净流量/[(年初总资产+年末总资产)/2]。

OP:样本公司被出具非标准审计意见取 1;否则为 0。

LOSS:样本公司亏损取 1;否则为 0。

SP:样本公司总资产回报率在[0,0.01]之间取 1;否则为 0。

STATE:样本公司最终控制人为国有取 1;否则为 0。

DE:样本公司的资产负债率。

SIZE:样本公司总资产的自然对数。

表 5.16　行业专家进入组检验

	回归系数	标准误差	T 值	p 值
截距项	−3.530 2	0.148 3	−23.791 9	0.000 1
MU1	0.026 5	0.005 8	4.572 3	0.000 1
IN	0.009 6	0.061 6	0.166 4	0.875 9
IN_MU1	−0.004 1	0.026 9	−0.101 0	0.919 1
BIG4	−0.077 2	0.028 1	−2.755 1	0.006 0
ROA	−1.703 3	0.142 0	−11.993 3	0.000 1
GROW	−0.094 4	0.010 0	−9.442 8	0.000 1
OCFTA	−0.228 8	0.076 6	−2.992 1	0.002 8
OP	−0.269 3	0.030 9	−8.718 1	0.000 1
LOSS	−0.216 1	0.029 2	−7.383 4	0.000 1
SP	−0.007 6	0.019 9	−0.391 3	0.699 4
STATE	0.053 7	0.013 6	3.946 2	0.000 1
DE	−0.619 3	0.032 7	−18.891 4	0.000 1
SIZE	0.153 6	0.006 8	22.382 5	0.000 1
年度效应	已控制			
行业效应	已控制			
样本量	5 498			
F 值	112.65***			
R^2	0.373 1			

RSQ:衡量股价同步性。股价同步性越低,代表公司的特质信息传递得越好。

MU1:样本公司收入涉及的行业数,按照证监会 13 类行业分类处理。来自于公司披露的按行业分类的收入,根据证监会行业分类进行判断。

IN:$t-1$ 期无专家,t 期专家进入取 1;否则为 0。

$BIG4$:样本公司聘请了四大合资型事务所作为审计方取 1;否则为 0。

ROA:样本公司的总资产回报率。

$GROW$:样本公司主营业务收入增长率。

$OCFTA$:样本公司经营活动现金净流量/[(年初总资产+年末总资产)/2]。

OP:样本公司被出具非标准审计意见取 1;否则为 0。

$LOSS$:样本公司亏损取 1;否则为 0。

$STATE$:样本公司最终控制人为国有取 1;否则为 0。

DE:样本公司的资产负债率。

$SIZE$:样本公司总资产的自然对数。

5.6　研究结论

　　本章主要从独立董事制度视角分析了其对业务复杂度与股价同步性的影响。研究发现,独立董事比例、行业独立董事并不直接影响股价同步性;但在业务复杂度与股价同步性的关系上,独立董事制度具有经济后果,行业专家型独立董事对公司业务实质的理解以及其背负的业内专家声誉,有利于复杂经营环境下特质信息的释放,即行业独立董事能显著削弱业务复杂度与股价同步性的正向关系。进一步的检验表明,当行业专家具有政治关系时,其对业务复杂度和股价同步性的调节效应被显著削弱。

第 6 章 研究结论与启示

6.1 研究结论

本书首先阐明了股价信息含量的基本概念和度量方法,分别从股价同步性在宏观层面和微观层面的成因方面进行了理论回顾,在进行评价的基础上,提出了本书的研究问题,并进行了实证研究。

① 以样本公司经营涉及的行业数、赫芬达尔指数、分部数三个维度表征业务复杂度,考察业务复杂度对股价同步性的影响;进而区分国有公司和民营公司,检验最终控制人对业务复杂度与股价同步性关系的影响。研究表明,业务复杂度对股价同步性具有显著的正向影响,业务复杂度越高,股价同步性越高;相对于国有公司而言,民营公司对业务复杂度与股价同步性的正相关关系存在一定的调节作用,表现为民营公司背景下,业务复杂度对特质信息传递效率的削弱更为明显。

② 基于特质信息并入股价的方式和我国证券市场背景,实证分析了会计盈余质量与股价同步性之间的关系。结果发现,会计盈余质量越高,股价同步性越高。本书还进一步分析了会计盈余质量对业务复杂度与股价同步性关系的影响。研究表明,会计盈余质量越高,两者之间的正相关关系越强。

③ 分析了独立董事制度对业务复杂度与股价同步性的影响。研究发现,独立董事比例、行业独立董事并不直接影响股价同步性;但在业务复杂度与股价同步性的关系上,独立董事制度具有调节效应,尤其是行业独立董事的引入具有显著效应,具体表现为行业独立董事能显著削弱业务复杂度与股价同步性的正向关系;进一步的

研究表明,当行业专家具有政治关系时,其对业务复杂度与股价同步性的调节效应被显著削弱。

6.2　启示与展望

① 独立董事制度登陆中国以来,在提升公司绩效、保证会计信息质量等方面已产生一定的制度效应(高明华 等,2002;Bhagat 和 Black,2004;Peng,2004;王跃堂 等,2006;叶康涛和陆正飞,2007;Bhagat 和 Bolton,2008;萧维嘉 等,2009;饶育蕾和王建新,2010;袁琳和张宏亮,2011;周建和李小青,2012)。本书的研究为独立董事的制度效应提供了新的证据,为我国进一步拓展独立董事制度效应研究提供了借鉴。

② 股东大会、董事会、监事会被誉为公司治理的"三驾马车",国内对董事会治理效应的研究较多(陈宏辉和贾生华,2002;宋增基和张宗益,2003;薛祖云和黄彤,2004;张必武和石金涛,2005;王跃堂 等,2006;曹德芳 等,2007;张耀伟,2008;李建标 等,2009;黄波和陈正旭,2010;袁琳和张宏亮,2011;周建和李小青,2012),但是对监事会治理效应的研究则相对较少(卿石松,2008;马施和李毓萍,2009;郝云宏和任国良,2010;张振新 等,2011;徐宁和徐向艺,2102)。监事会负有监管公司高管的责任,在经营复杂化的背景下,其有效的监督理论可以防范高管的机会主义行为。因此,监事会是否对业务复杂度与股价同步性的关系具有调节效应,这可以成为未来拓展监事会治理效应的一个研究内容。

③ 多元化带来的业务复杂度不仅体现在行业或产品方面,还体现在地域的复杂性上。目前我国上市公司数据中对地域的划分不尽合理,很难对地区分部进行一致化编码,因此实证研究的应用性较差。如果未来在上市公司地域数据上有所突破,将为地域复杂度与股价同步性关系研究提供新的机会,这也是研究未来可以拓展的方向之一。

附录1 深圳证券交易所上市公司信息披露工作考核办法

（2013 年修订）

深证上〔2013〕112 号

第一章 总 则

第一条 为了加强对深圳证券交易所上市公司（以下简称"上市公司"或"公司"）信息披露监管，督促上市公司及相关信息披露义务人加强信息披露工作，提高信息披露质量水平，根据《深圳证券交易所股票上市规则（2012 年修订）》《深圳证券交易所创业板股票上市规则（2012 年修订）》等有关规定，制定本办法。

第二条 本办法适用于深圳证券交易所（以下简称"本所"）上市公司信息披露工作的考核。

第二章 考核方式和等级

第三条 每年上市公司年度报告披露工作结束后，本所对上年12 月 31 日前已在本所上市的公司信息披露工作进行考核。

第四条 上市公司信息披露工作考核采用公司自评与本所考评相结合的方式进行，考核期间为上年 5 月 1 日至当年 4 月 30 日。

上市公司应当在考核期间结束后五个工作日内，根据本办法附件的格式，对考核期间是否存在本办法第十七条、第十八条和第十九条规定的情形进行自评并向本所报备。

第五条 上市公司信息披露工作考核结果依据上市公司信息披露质量从高到低划分为 A、B、C、D 四个等级。

本所将上市公司信息披露工作考核结果在上市公司范围内通报，记入诚信档案，并向社会公开。

本所对上市公司信息披露工作进行考核的结果，不代表本所对上市公司投资价值的任何判断，任何与之相反的声明均属虚假不实陈述。

第三章　考核内容和标准

第六条　本所在考核上市公司以下情形的基础上,结合本办法第十七条、第十八条和第十九条的规定,对上市公司信息披露工作进行综合考核:

(一)上市公司信息披露的真实性、准确性、完整性、及时性、合法合规性和公平性;

(二)上市公司被处罚、处分及采取其他监管措施情况;

(三)上市公司与本所配合情况;

(四)上市公司信息披露事务管理情况;

(五)本所认定的其他情况。

第七条　本所对上市公司信息披露真实性主要考核以下内容:

(一)公告文稿是否以客观事实或具有事实基础的判断和意见为依据;

(二)公告文稿是否如实反映客观情况,是否存在虚假记载或不实陈述;

(三)公告相关备查文件是否存在伪造、变造等虚假情形。

第八条　本所对上市公司信息披露准确性主要考核以下内容:

(一)公告文稿是否出现关键文字或数字错误,错误的影响程度;

(二)公告文稿是否简洁、清晰、明了;

(三)公告文稿是否存在歧义、误导性陈述;

(四)是否通过业务专区准确选择公告类别;

(五)是否通过业务专区准确录入业务参数。

第九条　本所对上市公司信息披露完整性主要考核以下内容:

(一)提供文件是否齐备;

(二)公告格式是否符合要求;

(三)公告内容是否完整,是否存在重大遗漏;

(四)是否通过业务专区完整选择公告类别;

(五)是否通过业务专区完整录入业务参数。

第十条　本所对上市公司信息披露及时性主要考核以下内容:

（一）是否在规定期限内披露定期报告、业绩快报、业绩预告及修正公告；

（二）是否按照规定的临时报告信息披露时限及时披露；

第十一条 本所对上市公司信息披露的合法合规性主要考核以下内容：

（一）公告事项是否符合法律、法规和本所相关业务规则的规定；

（二）公告事项涉及的程序是否符合法律、法规和本所相关业务规则的规定。

第十二条 本所对上市公司信息披露的公平性主要考核以下内容：

（一）公告事项是否存在提前向特定对象单独披露、透露或泄露的情形；

（二）公告事项披露前公司股票交易是否因信息泄密而出现异常；

（三）公告事项披露前指定媒体之外的其他公共媒体是否出现相关报道或传闻；

（四）公司是否在投资者关系活动结束后及时通过本所"互动易"网站披露《投资者关系活动记录表》和相关附件。

第十三条 上市公司被处罚、处分及采取其他监管措施，本所主要关注以下情形：

（一）中国证监会行政处罚的情况；

（二）本所公开谴责的情况；

（三）本所通报批评的情况；

（四）本所发出监管函的情况；

（五）本所采取的其他监管措施情况。

第十四条 对上市公司与本所工作配合情况的考核主要关注以下内容：

（一）是否在规定期限内如实回复本所问询；

（二）是否按照本所要求及时进行整改；

（三）公司相关人员是否及时出席本所的约见安排；

（四）公司相关人员是否按照本所要求参加有关培训、出席相关会议；

（五）是否及时关注媒体报道并主动求证真实情况，并及时回复本所问询；

（六）公司发生异常情况时是否及时、主动向本所报告；

（七）公司董事会秘书是否与本所保持畅通的联络渠道，联系电话、传真号码发生变化时是否及时通知本所；

（八）是否在规定期限内完成本所要求的其他事项。

第十五条　对于信息披露事务管理情况，本所主要关注以下内容：

（一）是否按照有关规定制定信息披露事务管理制度；

（二）信息披露事务管理制度在实际工作中是否得到严格执行；

（三）是否配置足够的工作人员从事信息披露工作，董事会秘书是否具备相关规则规定的任职资格。

第十六条　对上市公司信息披露工作考核时，本所关注的其他内容包括：

（一）上市公司及其控股股东、实际控制人规范运作情况；

（二）上市公司董事、监事和高级管理人员履行职责情况；

（三）控股股东、实际控制人重大信息披露情况及配合上市公司信息披露情况；

（四）上市公司董事、监事、高级管理人员、控股股东、实际控制人买卖本公司股份合法合规及信息披露情况；

（五）上市公司回答投资者通过本所"互动易"网站提出问题的情况；

（六）本所关注的其他情况。

第十七条　上市公司在考核期内存在下列情形之一的，其信息披露工作考核结果不得评为 A：

（一）考核期间不满 12 个月；

（二）对已在指定媒体发布的信息披露文件进行补充或更正达

到二次以上；

（三）年度财务报告或半年度财务报告被注册会计师出具非标准审计报告；

（四）年度业绩快报或年度业绩预告（如业绩快报或业绩预告存在修正，以在规定期限内最终修正的数据为准）与年度报告披露的财务数据差异达到 20％以上，且绝对金额达到 200 万元（人民币，下同）以上；

（五）发生会计差错或发现前期会计差错，影响损益的金额占调整后归属于上市公司股东的净利润的比例达到 20％以上，且绝对金额达到 200 万元以上；

（六）定期报告未能按照预约日期及时披露，导致公司股票及其衍生品种停牌；

（七）公司或其控股股东、实际控制人的相关人员违反公平信息披露原则，导致公共传媒出现关于公司未披露的重大信息，公司股票及其衍生品种停牌；

（八）按规定应当披露社会责任报告的，未按照规定及时披露；

（九）未按照规定及时披露年度内部控制自我评价报告，或按规定应当聘请会计师事务所对内部控制设计与运行的有效性进行审计但未聘请会计师事务所进行审计的；

（十）公司董事、监事、高级管理人员、控股股东、实际控制人未能积极配合公司信息披露工作，包括但不限于未按时答复公司关于市场传闻的求证、向公司提供相关资料，未能及时通报相关信息、严格履行重大事项申报和信息披露义务等；

（十一）公司董事、监事、高级管理人员、控股股东、实际控制人未按规定向本所报备《声明及承诺书》，或向本所报备或披露的《声明及承诺书》、《履历表》及个人简历等文件存在虚假记载、误导性陈述或重大遗漏；

（十二）董事会秘书空缺（指定董事或高级管理人员代行董事会秘书职责以及由董事长代行董事会秘书职责的情形均视为董事会秘书空缺）累计时间超过三个月；

（十三）未经履行审批程序或信息披露义务向董事、监事、高级管理人员、控股股东、实际控制人及其关联方非经营性提供资金；

（十四）未经履行审批程序或信息披露义务对外提供担保、对外提供财务资助、进行证券投资或风险投资、变更募集资金用途等；

（十五）最近一个会计年度首次公开发行股票上市的公司，上市当年营业利润比上年下滑 50％以上；

（十六）最近一个会计年度公司实现的盈利低于盈利预测数（如有）的 80％；

（十七）公司因违规行为被本所出具监管函或约见谈话；

（十八）公司董事、监事、高级管理人员、控股股东、实际控制人受到中国证监会行政处罚、本所公开谴责或通报批评处分，或被本所累计二次以上出具监管函；

（十九）因涉嫌违反相关证券法规，公司或其董事、监事、高级管理人员、控股股东、实际控制人被有权机关立案调查；

（二十）本所认定的其他情形。

第十八条　上市公司在考核期内存在下列情形之一的，其信息披露工作考核结果评为 C：

（一）对已在指定媒体发布的信息披露文件进行补充或更正达到五次以上；

（二）年度财务报告或半年度财务报告被注册会计师出具保留意见审计报告，或仅因公司持续经营能力存在重大不确定性而被出具无法表示意见审计报告；

（三）未在规定期限内披露业绩快报或业绩预告；

（四）年度业绩快报或年度业绩预告（如业绩快报或业绩预告存在修正，以在规定期限内最终修正的数据为准）与年度报告披露的财务数据差异达到 50％以上且绝对金额达到 500 万元以上，或导致盈亏性质不同但情节较轻的；

（五）发生会计差错或发现前期会计差错，影响损益的金额占调整后归属于上市公司股东的净利润的比例达到 50％以上且绝对金额达到 500 万元以上，或导致盈亏性质发生变化但情节较轻的；

（六）在申请办理股票及其衍生品种发行和上市、利润分配和资本公积金转增股本方案实施、股权激励授予和行权、有限售条件股份解除限售、证券停牌和复牌等业务时发生重大差错；

（七）公司或其控股股东、实际控制人的相关人员违反公平信息披露原则，导致公共传媒出现关于公司未披露的重大信息，公司股票及其衍生品种停牌，合计达到二次以上；

（八）董事会秘书空缺（指定董事或高级管理人员代行董事会秘书职责以及由董事长代行董事会秘书职责的情形均视为董事会秘书空缺）累计时间超过六个月；

（九）公司披露的年度内部控制自我评价报告或会计师事务所出具的内部控制审计报告显示，最近一个会计年度内部控制存在重大缺陷；

（十）公司或其控股股东、实际控制人未严格履行所作出的各项承诺；

（十一）公司披露的利润分配和资本公积金转增股本方案与有关法律法规或公司确定的利润分配政策、利润分配计划、股东长期回报规划以及做出的相关承诺不符；

（十二）向董事、监事、高级管理人员、控股股东、实际控制人及其关联方非经营性提供资金，未履行审批程序或信息披露义务，日最高余额达到300万元以上且低于1 000万元，或占公司最近一期经审计净资产的1%以上且低于5%；

（十三）对外提供担保（不含对合并报表范围内子公司的担保）或对外提供财务资助（不含对合并报表范围内子公司提供的财务资助）未履行审批程序或信息披露义务，发生额达到1 000万元以上，且占公司最近一期经审计净资产的5%以上；

（十四）进行证券投资或风险投资，未履行审批程序或信息披露义务，涉及金额达到5 000万元以上，且占公司最近一期经审计净资产的10%以上；

（十五）未经履行审批程序或信息披露义务变更募集资金投向，累计金额在该次募集资金净额的10%以上；

（十六）最近一个会计年度公司实现的盈利低于盈利预测数（如有）的 50%；

（十七）公司被本所三次以上出具监管函；

（十八）公司受到本所通报批评处分；

（十九）本所认定的其他情形。

第十九条　上市公司在考核期内存在下列情形之一的，其信息披露工作考核结果评为 D：

（一）年度财务报告或半年度财务报告被注册会计师出具无法表示意见（仅因公司持续经营能力存在重大不确定性而被出具无法表示意见的情况除外）或否定意见的审计报告；

（二）财务会计报告被注册会计师出具非标准无保留意见的审计报告，且该意见涉及事项属于明显违反会计准则和相关信息披露规范规定，未在本所规定期限内披露纠正后的财务会计报告和有关审计报告的；

（三）财务会计报告存在重大会计差错或者虚假记载，被监管部门责令改正但未在规定期限内改正的；

（四）未在规定期限内披露定期报告；

（五）年度业绩快报或年度业绩预告（如业绩快报或业绩预告存在修正，以在规定期限内最终修正的数据为准）与年度报告披露的财务数据盈亏性质不同且情节严重的；

（六）发生会计差错或发现前期会计差错，导致盈亏性质发生变化且情节严重的；

（七）向董事、监事、高级管理人员、控股股东、实际控制人及其关联方非经营性提供资金，未履行审批程序或信息披露义务，且最高余额达到 1 000 万元以上，或占公司最近一期经审计净资产的 5% 以上；

（八）对外提供担保（不含对合并报表范围内子公司的担保）或对外提供财务资助（不含对合并报表范围内子公司提供的财务资助）未履行审批程序或信息披露义务，发生额达到 5 000 万元以上，且占公司最近一期经审计净资产的 10% 以上；

（九）公司受到中国证监会行政处罚、本所公开谴责或三次以上通报批评；

（十）公司存在相关证券应当被实施退市风险警示、其他风险警示或被暂停上市、终止上市的情形，但不及时向本所报告并对外披露的；

（十一）本所认定的其他情形。

第四章　附　则

第二十条　本办法所称"以上"含本数，"超过"、"低于"不含本数。

第二十一条　本办法由本所负责解释。

第二十二条　本办法自发布之日起施行。本所 2011 年 11 月发布的《深圳证券交易所上市公司信息披露工作考核办法》（深证上〔2011〕344 号）同时废止。

附录2 关于发布《关于在上市公司建立独立 董事制度的指导意见》的通知

各上市公司：

为进一步完善上市公司治理结构，促进上市公司规范运作，我会制定了《关于在上市公司建立独立董事制度的指导意见》，现予发布，请遵照执行。

附件： 关于在上市公司建立独立董事制度的指导意见

为进一步完善上市公司治理结构，促进上市公司规范运作，现就上市公司建立独立的外部董事（以下简称独立董事）制度提出以下指导意见：

一、上市公司应当建立独立董事制度

（一）上市公司独立董事是指不在公司担任除董事外的其他职务，并与其所受聘的上市公司及其主要股东不存在可能妨碍其进行独立客观判断的关系的董事。

（二）独立董事对上市公司及全体股东负有诚信与勤勉义务。独立董事应当按照相关法律法规、本指导意见和公司章程的要求，认真履行职责，维护公司整体利益，尤其要关注中小股东的合法权益不受损害。独立董事应当独立履行职责，不受上市公司主要股东、实际控制人，或者其他与上市公司存在利害关系的单位或个人的影响。

独立董事原则上最多在5家上市公司兼任独立董事，并确保有足够的时间和精力有效地履行独立董事的职责。

（三）各境内上市公司应当按照本指导意见的要求修改公司章程，聘任适当人员担任独立董事，其中至少包括一名会计专业人士

（会计专业人士是指具有高级职称或注册会计师资格的人士）。在二〇〇二年六月三十日前,董事会成员中应当至少包括 2 名独立董事;在二〇〇三年六月三十日前,上市公司董事会成员中应当至少包括三分之一独立董事。

（四）独立董事出现不符合独立性条件或其他不适宜履行独立董事职责的情形,由此造成上市公司独立董事达不到本《指导意见》要求的人数时,上市公司应按规定补足独立董事人数。

（五）独立董事及拟担任独立董事的人士应当按照中国证监会的要求,参加中国证监会及其授权机构所组织的培训。

二、独立董事应当具备与其行使职权相适应的任职条件

担任独立董事应当符合下列基本条件：

（一）根据法律、行政法规及其他有关规定,具备担任上市公司董事的资格;

（二）具有本《指导意见》所要求的独立性;

（三）具备上市公司运作的基本知识,熟悉相关法律、行政法规、规章及规则;

（四）具有五年以上法律、经济或者其他履行独立董事职责所必需的工作经验;

（五）公司章程规定的其他条件。

三、独立董事必须具有独立性

下列人员不得担任独立董事：

（一）在上市公司或者其附属企业任职的人员及其直系亲属、主要社会关系（直系亲属是指配偶、父母、子女等;主要社会关系是指兄弟姐妹、岳父母、儿媳女婿、兄弟姐妹的配偶、配偶的兄弟姐妹等）;

（二）直接或间接持有上市公司已发行股份 1% 以上或者是上市公司前十名股东中的自然人股东及其直系亲属;

（三）在直接或间接持有上市公司已发行股份 5% 以上的股东单位或者在上市公司前五名股东单位任职的人员及其直系亲属;

（四）最近一年内曾经具有前三项所列举情形的人员;

（五）为上市公司或者其附属企业提供财务、法律、咨询等服务的人员；

（六）公司章程规定的其他人员；

（七）中国证监会认定的其他人员。

四、独立董事的提名、选举和更换应当依法、规范地进行

（一）上市公司董事会、监事会、单独或者合并持有上市公司已发行股份1%以上的股东可以提出独立董事候选人，并经股东大会选举决定。

（二）独立董事的提名人在提名前应当征得被提名人的同意。提名人应当充分了解被提名人职业、学历、职称、详细的工作经历、全部兼职等情况，并对其担任独立董事的资格和独立性发表意见，被提名人应当就其本人与上市公司之间不存在任何影响其独立客观判断的关系发表公开声明。

在选举独立董事的股东大会召开前，上市公司董事会应当按照规定公布上述内容。

（三）在选举独立董事的股东大会召开前，上市公司应将所有被提名人的有关材料同时报送中国证监会、公司所在地中国证监会派出机构和公司股票挂牌交易的证券交易所。上市公司董事会对被提名人的有关情况有异议的，应同时报送董事会的书面意见。

中国证监会在15个工作日内对独立董事的任职资格和独立性进行审核。对中国证监会持有异议的被提名人，可作为公司董事候选人，但不作为独立董事候选人。

在召开股东大会选举独立董事时，上市公司董事会应对独立董事候选人是否被中国证监会提出异议的情况进行说明。

对于本《指导意见》发布前已担任上市公司独立董事的人士，上市公司应将前述材料在本《指导意见》发布实施起一个月内报送中国证监会、公司所在地中国证监会派出机构和公司股票挂牌交易的证券交易所。

（四）独立董事每届任期与该上市公司其他董事任期相同，任期届满，连选可以连任，但是连任时间不得超过六年。

（五）独立董事连续 3 次未亲自出席董事会会议的，由董事会提请股东大会予以撤换。

除出现上述情况及《公司法》中规定的不得担任董事的情形外，独立董事任期届满前不得无故被免职。提前免职的，上市公司应将其作为特别披露事项予以披露，被免职的独立董事认为公司的免职理由不当的，可以作出公开的声明。

（六）独立董事在任期届满前可以提出辞职。独立董事辞职应向董事会提交书面辞职报告，对任何与其辞职有关或其认为有必要引起公司股东和债权人注意的情况进行说明。

如因独立董事辞职导致公司董事会中独立董事所占的比例低于本《指导意见》规定的最低要求时，该独立董事的辞职报告应当在下任独立董事填补其缺额后生效。

五、上市公司应当充分发挥独立董事的作用

（一）为了充分发挥独立董事的作用，独立董事除应当具有公司法和其他相关法律、法规赋予董事的职权外，上市公司还应当赋予独立董事以下特别职权：

1. 重大关联交易（指上市公司拟与关联人达成的总额高于 300 万元或高于上市公司最近经审计净资产值的 5％的关联交易）应由独立董事认可后，提交董事会讨论；

独立董事作出判断前，可以聘请中介机构出具独立财务顾问报告，作为其判断的依据。

2. 向董事会提议聘用或解聘会计师事务所；

3. 向董事会提请召开临时股东大会；

4. 提议召开董事会；

5. 独立聘请外部审计机构和咨询机构；

6. 可以在股东大会召开前公开向股东征集投票权。

（二）独立董事行使上述职权应当取得全体独立董事的二分之一以上同意。

（三）如上述提议未被采纳或上述职权不能正常行使，上市公司应将有关情况予以披露。

（四）如果上市公司董事会下设薪酬、审计、提名等委员会的，独立董事应当在委员会成员中占有二分之一以上的比例。

六、独立董事应当对上市公司重大事项发表独立意见

（一）独立董事除履行上述职责外，还应当对以下事项向董事会或股东大会发表独立意见：

1. 提名、任免董事；

2. 聘任或解聘高级管理人员；

3. 公司董事、高级管理人员的薪酬；

4. 上市公司的股东、实际控制人及其关联企业对上市公司现有或新发生的总额高于 300 万元或高于上市公司最近经审计净资产值的 5% 的借款或其他资金往来，以及公司是否采取有效措施回收欠款；

5. 独立董事认为可能损害中小股东权益的事项；

6. 公司章程规定的其他事项。

（二）独立董事应当就上述事项发表以下几类意见之一：同意；保留意见及其理由；反对意见及其理由；无法发表意见及其障碍。

（三）如有关事项属于需要披露的事项，上市公司应当将独立董事的意见予以公告，独立董事出现意见分歧无法达成一致时，董事会应将各独立董事的意见分别披露。

七、为了保证独立董事有效行使职权，上市公司应当为独立董事提供必要的条件

（一）上市公司应当保证独立董事享有与其他董事同等的知情权。凡须经董事会决策的事项，上市公司必须按法定的时间提前通知独立董事并同时提供足够的资料，独立董事认为资料不充分的，可以要求补充。当 2 名或 2 名以上独立董事认为资料不充分或论证不明确时，可联名书面向董事会提出延期召开董事会会议或延期审议该事项，董事会应予以采纳。

上市公司向独立董事提供的资料，上市公司及独立董事本人应当至少保存 5 年。

（二）上市公司应提供独立董事履行职责所必需的工作条件。

上市公司董事会秘书应积极为独立董事履行职责提供协助,如介绍情况、提供材料等。独立董事发表的独立意见、提案及书面说明应当公告的,董事会秘书应及时到证券交易所办理公告事宜。

(三)独立董事行使职权时,上市公司有关人员应当积极配合,不得拒绝、阻碍或隐瞒,不得干预其独立行使职权。

(四)独立董事聘请中介机构的费用及其他行使职权时所需的费用由上市公司承担。

(五)上市公司应当给予独立董事适当的津贴。津贴的标准应当由董事会制订预案,股东大会审议通过,并在公司年报中进行披露。

除上述津贴外,独立董事不应从该上市公司及其主要股东或有利害关系的机构和人员取得额外的、未予披露的其他利益。

(六)上市公司可以建立必要的独立董事责任保险制度,以降低独立董事正常履行职责可能引致的风险。

附录3 企业会计准则第35号——分部报告

第一章 总 则

第一条 为了规范分部报告的编制和相关信息的披露,根据《企业会计准则——基本准则》,制定本准则。

第二条 企业存在多种经营或跨地区经营的,应当按照本准则规定披露分部信息。但是,法律、行政法规另有规定的除外。

第三条 企业应当以对外提供的财务报表为基础披露分部信息。

对外提供合并财务报表的企业,应当以合并财务报表为基础披露分部信息。

第二章 报告分部的确定

第四条 企业披露分部信息,应当区分业务分部和地区分部。

第五条 业务分部,是指企业内可区分的、能够提供单项或一组相关产品或劳务的组成部分。该组成部分承担了不同于其他组成部分的风险和报酬。

企业在确定业务分部时,应当结合企业内部管理要求,并考虑下列因素:

(一)各单项产品或劳务的性质,包括产品或劳务的规格、型号、最终用途等;

(二)生产过程的性质,包括采用劳动密集或资本密集方式组织生产、使用相同或者相似设备和原材料、采用委托生产或加工方式等;

(三)产品或劳务的客户类型,包括大宗客户、零散客户等;

(四)销售产品或提供劳务的方式,包括批发、零售、自产自销、委托销售、承包等;

（五）生产产品或提供劳务受法律、行政法规的影响，包括经营范围或交易定价限制等。

第六条 地区分部，是指企业内可区分的、能够在一个特定的经济环境内提供产品或劳务的组成部分。该组成部分承担了不同于在其他经济环境内提供产品或劳务的组成部分的风险和报酬。

企业在确定地区分部时，应当结合企业内部管理要求，并考虑下列因素：

（一）所处经济、政治环境的相似性，包括境外经营所在地区经济和政治的稳定程度等；

（二）在不同地区经营之间的关系，包括在某地区进行产品生产，而在其他地区进行销售等；

（三）经营的接近程度大小，包括在某地区生产的产品是否需在其他地区进一步加工生产等；

（四）与某一特定地区经营相关的特别风险，包括气候异常变化等；

（五）外汇管理规定，即境外经营所在地区是否实行外汇管制；

（六）外汇风险。

第七条 两个或两个以上的业务分部或地区分部同时满足下列条件的，可以予以合并：

（一）具有相近的长期财务业绩，包括具有相近的长期平均毛利率、资金回报率、未来现金流量等；

（二）确定业务分部或地区分部所考虑的因素类似。

第八条 企业应当以业务分部或地区分部为基础确定报告分部。

业务分部或地区分部的大部分收入是对外交易收入，且满足下列条件之一的，应当将其确定为报告分部：

（一）该分部的分部收入占所有分部收入合计的 10% 或者以上。

（二）该分部的分部利润（亏损）的绝对额，占所有盈利分部利润合计额或者所有亏损分部亏损合计额的绝对额两者中较大者的

10％或者以上。

（三）该分部的分部资产占所有分部资产合计额的 10％或者以上。

第九条 业务分部或地区分部未满足本准则第八条规定条件的,可以按照下列规定处理:

（一）不考虑该分部的规模,直接将其指定为报告分部;

（二）不将该分部直接指定为报告分部的,可将该分部与一个或一个以上类似的、未满足本准则第八条规定条件的其他分部合并为一个报告分部;

（三）不将该分部指定为报告分部且不与其他分部合并的,应当在披露分部信息时,将其作为其他项目单独披露。

第十条 报告分部的对外交易收入合计额占合并总收入或企业总收入的比重未达到 75％的,应当将其他的分部确定为报告分部（即使它们未满足本准则第八条规定的条件）,直到该比重达到 75％。

第十一条 企业的内部管理按照垂直一体化经营的不同层次来划分的,即使其大部分收入不通过对外交易取得,仍可将垂直一体化经营的不同层次确定为独立的报告业务分部。

第十二条 对于上期确定为报告分部的,企业本期认为其依然重要,即使本期未满足本准则第八条规定条件的,仍应将其确定为本期的报告分部。

第三章 分部信息的披露

第十三条 企业应当区分主要报告形式和次要报告形式披露分部信息。

（一）风险和报酬主要受企业的产品和劳务差异影响的,披露分部信息的主要形式应当是业务分部,次要形式是地区分部。

（二）风险和报酬主要受企业在不同的国家或地区经营活动影响的,披露分部信息的主要形式应当是地区分部,次要形式是业务分部。

（三）风险和报酬同时较大地受企业产品和劳务的差异以及经

营活动所在国家或地区差异影响的,披露分部信息的主要形式应当是业务分部,次要形式是地区分部。

第十四条 对于主要报告形式,企业应当在附注中披露分部收入、分部费用、分部利润(亏损)、分部资产总额和分部负债总额等。

(一)分部收入,是指可归属于分部的对外交易收入和对其他分部交易收入。分部的对外交易收入和对其他分部交易收入,应当分别披露。

(二)分部费用,是指可归属于分部的对外交易费用和对其他分部交易费用。分部的折旧费用、摊销费用以及其他重大的非现金费用,应当分别披露。

(三)分部利润(亏损),是指分部收入减去分部费用后的余额。

在合并利润表中,分部利润(亏损)应当在调整少数股东损益前确定。

(四)分部资产,是指分部经营活动使用的可归属于该分部的资产,不包括递延所得税资产。

分部资产的披露金额应当按照扣除相关累计折旧或摊销额以及累计减值准备后的金额确定。

披露分部资产总额时,当期发生的在建工程成本总额、购置的固定资产和无形资产的成本总额,应当单独披露。

(五)分部负债,是指分部经营活动形成的可归属于该分部的负债,不包括递延所得税负债。

第十五条 分部的日常活动是金融性质的,利息收入和利息费用应当作为分部收入和分部费用进行披露。

第十六条 企业披露的分部信息,应当与合并财务报表或企业财务报表中的总额信息相衔接。

分部收入应当与企业的对外交易收入(包括企业对外交易取得的、未包括在任何分部收入中的收入)相衔接;分部利润(亏损)应当与企业营业利润(亏损)和企业净利润(净亏损)相衔接;分部资产总额应当与企业资产总额相衔接;分部负债总额应当与企业负债总额相衔接。

第十七条　分部信息的主要报告形式是业务分部的,应当就次要报告形式披露下列信息:

(一)对外交易收入占企业对外交易收入总额 10％或者以上的地区分部,以外部客户所在地为基础披露对外交易收入。

(二)分部资产占所有地区分部资产总额 10％或者以上的地区分部,以资产所在地为基础披露分部资产总额。

第十八条　分部信息的主要报告形式是地区分部的,应当就次要报告形式披露下列信息:

(一)对外交易收入占企业对外交易收入总额 10％或者以上的业务分部,应当披露对外交易收入。

(二)分部资产占所有业务分部资产总额 10％或者以上的业务分部,应当披露分部资产总额。

第十九条　分部间转移交易应当以实际交易价格为基础计量。转移价格的确定基础及其变更情况,应当予以披露。

第二十条　企业应当披露分部会计政策,但分部会计政策与合并财务报表或企业财务报表一致的除外。

分部会计政策变更影响重大的,应当按照《企业会计准则第 28 号——会计政策、会计估计变更和差错更正》进行披露,并提供相关比较数据。提供比较数据不切实可行的,应当说明原因。

企业改变分部的分类且提供比较数据不切实可行的,应当在改变分部分类的年度,分别披露改变前和改变后的报告分部信息。

分部会计政策,是指编制合并财务报表或企业财务报表时采用的会计政策,以及与分部报告特别相关的会计政策。与分部报告特别相关的会计政策包括分部的确定、分部间转移价格的确定方法,以及将收入和费用分配给分部的基础等。

第二十一条　企业在披露分部信息时,应当提供前期比较数据。

但是,提供比较数据不切实可行的除外。

参考文献

中文参考文献

[1] 陈梦根,毛小元.股价信息含量与市场交易活跃程度.金融研究,2007,3:125-139.

[2] 陈运森,谢德仁.网络位置、独立董事治理与投资效率.管理世界,2011,7:113-127.

[3] 曹德芳,赵希男,王宁星.基于董事会治理因素的财务危机预警模型的构建.东北大学学报(自然科学版),2007,28(9):1350-1353.

[4] 曹芳.产业多元化、地域多元化与管理层薪酬——来自中国上市公司的经验证据.暨南大学,2008.

[5] 程立.公司治理、多元化与企业绩效.复旦大学,2005.

[6] 储一昀,谢香兵.业务复杂度、股权特征与董事会结构.财经研究,2008,3:132-143.

[7] 冯淑萍.关于中国会计标准的国际化问题.会计研究,2001,11:3-8.

[8] 冯用富,董艳,袁泽波,等.基于R^2的中国股市私有信息套利分析.经济研究,2009,8:50-59.

[9] 高雷,宋顺林.公司治理与公司透明度.金融研究,2007,11:28-44.

[10] 高明华,马守莉.独立董事制度与公司绩效关系的实证分析——兼论中国独立董事有效行权的制度环境.南开经济研究,2002,2:64-68.

[11] 葛家澍.我国企业会计准则制定的几个问题.财会通讯,2002,1:3-6.

[12] 顾乃康,陈辉.股票流动性、股价信息含量与企业投资决策.管理科学,2010,23(1):88-97.

[13] 郝云宏,任国良.监事会特征对上市公司高管变更影响的实证研究.财经论丛,2010,7:87-92.

[14] 侯宇,叶冬艳.机构投资者、知情人交易和市场效率.金融研究,2008,4:131-145.

[15] 胡旭阳.民营企业家的政治身份与民营企业的融资便利——以浙江省民营百强企业为例.管理世界,2006,5:107-113.

[16] 黄波,陈正旭.中国A股上市公司董事会治理结构的影响因素研究.管理科学,2010,6:11-22.

[17] 金智.新会计准则、会计信息质量与股价同步性.会计研究,2010,7:19-26.

[18] 李建标,巨龙,李政,等.董事会里的"战争"——序贯与惩罚机制下董事会决策行为的实验分析.南开管理评论,2009,12:70-76.

[19] 李增泉.所有权结构与股票价格的同步性——来自中国股票市场的证据.中国会计与财务研究,2005,3:57-82.

[20] 李增泉,叶青,贺卉.企业关联、信息透明度与股价特征.会计研究,2011,1:44-51.

[21] 林晓辉.中国上市公司多元化的动因和绩效研究.厦门大学,2008.

[22] 刘浩,唐松,楼俊.监督还是咨询?——银行背景独立董事对企业信贷融资影响研究.管理世界,2012,1:141-156.

[23] 楼继伟.中国企业会计准则建设的可贵实践和崭新突破.会计研究,2006,2:5-6.

[24] 罗党论,黄琼宇.民营企业的政治关系与企业价值.管理科学,2008,21(6):21-28.

[25] 马施,李毓萍.监事会特征与信息披露质量——来自深交所的经验证据.东北师大学报(哲学社会科学版),2009,6:100-104.

[26] 潘红波,夏新平,余明桂.政府干预政治关联与地方国有企业并购.经济研究,2008,4:41-52.

[27] 卿石松.监事会特征与公司绩效关系实证分析.首都经济贸易大学学报,2008,3:51-55.

[28] 饶育蕾,王建新.CEO过度自信、董事会结构与公司业绩的实证研究.管理科学,2010,5:2-13.

[29] 宋增基,张宗益.中国上市公司董事会治理与公司绩效实证分析.重庆大学学报,2003,12:122-125.

[30] 孙刚.金融发展、股票价格同步性与现金-现金流敏感度研究.河北经贸大学学报,2010,6:57-62.

[31] 唐松,胡威,孙铮.政治关系、制度环境与股票价格的信息含量——来自我国民营上市公司股价同步性的经验证据.金融研究,2011,7:182-195.

[32] 唐跃军,左晶晶.政策性扰动、大股东制衡与董事会独立性.财经研究,2010,5:27-39.

[33] 王亚平,刘慧龙,吴联生.信息透明度、机构投资者与股价同步性.金融研究,2009,12:162-174.

[34] 王艳,张逸杰,周红.上市公司盈余管理行为的变动成因研究——基于董事会改革与报酬水平的视角.管理评论,2007,6:50-56.

[35] 王跃堂,赵子夜,魏晓雁.董事会的独立性是否影响公司绩效?经济研究,2006,5:62-73.

[36] 吴清华,王平心,殷俊明.审计委员会、董事会特征与财务呈报质量——一项基于中国证券市场的实证研究.管理评论,2006,7:49-56.

[37] 吴晓辉.内部资金转移定价体系的应用.商业银行,2008,77:50-52.

[38] 肖浩,夏新平.产品市场竞争、董事会治理与股价同步性.贵州财经学院学报,2009,1:62-67.

［39］萧维嘉,王正位,段芸.大股东存在下的独立董事对公司业绩的影响——基于内生视角的审视.南开管理评论,2009,2：90－97.

［40］许年行,洪涛,徐信忠,等.信息传递模式、投资者心理偏差与股价"同涨同跌"现象.经济研究,2011,4:135－145.

［41］徐宁,徐向艺.监事股权激励、合谋倾向与公司治理约束——基于中国上市公司面板数据的实证研究.经济管理,2012,1:41－49.

［42］薛祖云,黄彤.董事会、监事会制度特征与会计信息质量——自中国资本市场的经验分析.财经理论与实践,2004,7:84－89.

［43］叶康涛,陆正飞,张志华.独立董事能否抑制大股东的"掏空"?经济研究,2007,4:101－111.

［44］尹雷.机构投资者持股与股价同步性分析.证券市场导报,2010,3:72－77.

［45］游家兴,张俊生,江伟.制度建设、公司特质信息与股价波动的同步性——基于 R^2 研究的视角.经济学季刊,2006,6：189－206.

［46］游家兴.中国证券市场股价波动同步性研究——基于 R^2 的研究视角.厦门大学,2007.

［47］俞伟峰,朱凯,王红梅,等.管制下的独立董事:不求有功,但求无过——基于中国独立董事制度的经验分析.中国会计与财务研究,2010,3：107－148.

［48］于阳,李怀祖.证券投资基金规模与股价信息含量关系研究.管理评论,2005,12：3－7.

［49］于忠泊,田高良,曾振.会计稳健性与股价信息含量:基于投资者保护视角的考察.中国会计学会 2011 学术年会论文集,2011.

［50］袁琳,张宏亮.董事会治理与财务公司风险治理——基于 10 家集团公司结构式调查的多案例分析.会计研究,2011,5：65－71.

[51] 袁知柱,鞠晓峰.制度环境、公司治理与股价信息含量.管理科学,2009,1:17-29.

[52] 杨华蔚.股价波动与股价信息含量关系研究综述.价格月刊,2008,7:12-14.

[53] 杨继伟,聂顺江.股价信息含量与企业资本配置效率研究.管理科学,2010,6:81-90.

[54] 杨忠莲,殷姿.审计委员会、独立董事监管效果研究——来自财务舞弊的证据.上海财经大学学报,2006,1:93-96.

[55] 张必武,石金涛.董事会特征、高管薪酬与薪绩敏感性——中国上市公司的经验分析.管理科学,2005,4:32-39.

[56] 张耀伟.董事会治理评价、治理指数与公司绩效实证研究.管理科学,2008,10:11-18.

[57] 张振新,杜光文,王振山.监事会、董事会特征与信息披露质量.财经问题研究,2011,10:60-67.

[58] 赵昌文,唐英凯,周静,等.家族企业独立董事与企业价值——对中国上市公司独立董事制度合理性的检验.管理世界,2008,8:119-126.

[59] 赵德武,曾力,谭莉川.独立董事监督力与盈余稳健性——基于中国上市公司的实证研究.会计研究,2008,9:55-63.

[60] 赵子夜.业务复杂度、股权制衡和独立董事行业监督力.经济科学,2006,5:74-82.

[61] 支晓强,童盼.盈余管理、控制权转移与独立董事变更——兼论独立董事治理作用的发挥.管理世界,2005,11:137-144.

[62] 邹斌,夏新平.中国 IPO 股价的信息含量及其上市首日收益研究.管理科学,2010,3:60-69.

[63] 周建,李小青.董事会认知异质性对企业创新战略影响的实证研究.管理科学,2012,12:1-12.

[64] 周杰,薛有志.公司治理缺陷披露引发的市场反应——兼论多元化战略对治理需求的影响.证券市场导报,2008,3:49-54.

[65] 朱红军,何贤杰,陶林.中国的证券分析师能够提高资本市场的

效率吗——基于股价同步性和股价信息含量的经验证据. 金融研究,2007,3:110 - 121.

[66] 朱翊照. 略论独立董事行为与上市公司财务报告舞弊. 管理学刊,2010,1:28 - 33.

英文参考文献

[1] Abdel-khalik R. Specification problems with information content of earnings: Revisions and rationality of expectations and self-selection bias. *Contemporary Accounting Research*, 1990, 7:142 - 172.

[2] Ali A, Zarowin P. Permanent versus transitory components of annual earnings and earnings and estimation error in earnings response coefficients. *Journal of Accounting and Economics*, 1992,15:249 - 264.

[3] Ahearne A, Grierver W, Warnock F. Information costs and home bias: An analysis of U. S. holdings of foreign equities. *Journal of International Economics*, 2004, 62: 313 - 336.

[4] Aggarwalm R, Samwick A. Why do managers diversify their firms? ——Agency reconsidered. *Journal of Finance*, 2003, 58: 55 -84.

[5] Agrawal A, Charles R, Knoeber R. Do some outside directors play apolitical role. *Journal of law and economics*, 2001, 44:179 - 198.

[6] Ahmed K, Nicholls D. The effect of non-financial company characteristics on mandatory disclosure compliance in developing countries: The case of Bangladesh. *The International Journal of Accounting*, 1994, 29(1):62 - 77.

[7] American Institute of Certified Public Accountants, Special committee on financial reporting, Improving business reporting——a customer focus, comprehensive report of the

special committee on financial reporting, American Institute of Certified Public Accountants,1994.

[8] Anderson R, Bates T, Bizjak J, et al. Corporate governance and firm diversification. *Financial Management*, 2000, 21: 5 –22.

[9] Anderson R, Bizjak J. An empirical examination of the role of the CEO and the compensation committee in structuring executive pay. *Journal of Banking and Finance*, 2002, 27(7): 1323 – 1348.

[10] Andrade S, Chang C, Seasholes M. Predictable reversals, cross-stock effects and the limits of arbitrage. *NBER Conference of Market Imperfections*, 2005.

[11] Annert J, Ceuster J, Polfliet R, et al. To be or not to be... "too late": The case of the Belgian semi-annual earnings announcements. *Journal of Business Finance and Accounting*, 2002, 29: 477 – 495.

[12] Bae K, Bailey W, Mao C. Stock market liberalization and the information environment. *Journal of International Money and Finance*, 2006, 25:404 – 428.

[13] Baker M, Stein J, Wurgler J. When does the market matter? Stock prices and the investment of equity-dependent firms. *The Quarterly Journal of Economics*,2003,118,969 – 1005.

[14] Bakke T, Whited T. Which firms follow the market: An analysis of corporate investment decisions. *AFA 2007 Chicago Meetings Paper*, 2007.

[15] Baiman S, Verrecchia R. The relation among capital markets, financial disclosure, production efficiency, and insider trading. *Journal of Accounting Research*, 1996, 23: 1 – 22.

[16] Bali T, Cakici N, Xue M, et al. Does idiosyncratic risk really

matter. *The Journal of Finance*, 2005, 60(2): 905 – 929.

[17] Ball R, Kothari S, Robin A. The effect of international institutional factors on properties of accounting earnings. *Journal of Accounting and Economics*, 2000, 29: 1 – 51.

[18] Barberis N, Shleifer A. Style investing. *Journal of Financial Economics*, 2003, 68: 161 – 199.

[19] Barberis N, Shleifer A, Wurgler J. Comovement. *Journal of Financial Economics*, 2005, 75: 283 – 317.

[20] Basu S. The investment performance of common stocks in relation to their price-earnings ratios: A test of the efficient markets hypothesis. *Journal of Finance*, 1977, 32: 663 – 682.

[21] Bazerman M, Schoorman F. A limited rationality model of interlocking directorates. *The Academy of Management Review*, 1983, 8(2): 206 – 217.

[22] Beaver W. The behavior of security prices and its implications for accounting research (methods), in the "Report of the Committee on Research Methodology in Accounting". *The Accounting Review*, 1972, 7(Supplement): 407 – 437.

[23] Beaver W, Ryan S. Biases and lags in book value and their effects on the ability of the book-to-market ratio to predict book rate of return on equity. *Journal of accounting Research*, 2000, 38: 127 – 148.

[24] Beck T, Levine R, Loayza N. Finance and the sources of growth. *Journal of Financial Economics*, 2000, 58: 261 – 300.

[25] Bekaert G, Campbell R. Emerging markets finance. *Journal of Empirical Finance*, 2003, 10(1): 3 – 55.

[26] Benjamin H, Michael S, Weisbach. Endogenously chosen boards of directors and their monitoring of the CEO. *The American Economic Review*, 1998, 88(1): 96 – 118.

[27] Beny L. Insider trading laws and stock markets around the

world: An empirical contribution to the theoretical law and economics debate. *Journal of Corporation Law*, 2007, 32: 237 - 300.

[28] Berger P, Ofek E. Diversification's effect on firm value. *Journal of Financial Economics*, 1995, 37(1): 39 - 65.

[29] Bernard V. Capital markets research in accounting during the 1980's: A critical review, in The State of Accounting Research as We Enter the 1990s, Ed. , Thomas J. *University of Illinois at Urbana-Champaign*, *Urbana*, *IL*, 1989.

[30] Bernard V, Thomas J, Whalen J. Accounting-based stock price anomalies: Separating market efficiencies from research design flaws. *Contemporary Accounting Research*, 1997, 14: 184 - 209.

[31] Berry T, Fields L, Wilkins M. The interaction among multiple governance mechanisms in young newly public firms. *The Journal of Corporate Finance*, 2006, 12(3): 449 - 466.

[32] Bhagat S, Bolton B. Corporate governance and firm performance. *The Journal of Corporate Finance*, 2008, 14(3): 257 - 273.

[33] Bhagat S, Black B, Blair M. Relational investing and firm performance. *Journal of Financial Research*, 2004, 27(1): 1 - 30.

[34] Bhattacharya U, Daouk H, Jorgenson B, et al. When an event is not an event: The curious case of an emerging market. *Journal of Financial Economics*, 2000, 55(1): 69 - 101.

[35] Biddle G, Seow G. The estimation and determinants of association between returns and earnings: Evidence from cross-industry comparisons. *Journal of Accounting*, *Auditing and Finance*, 1991, 6:183 - 232.

[36] Boone L, Karpoff J. The determinants of corporate board size and independence: An empirical analysis. Working Papers,

Alabama University, 2006.

[37] Bowen R, Burgstahler D, Daley L. Evidence on the relationships between earnings and various measures of cash flow. *The Accounting Review*, 1986, 61:713 - 735.

[38] Bradford J, Lawrence H. Equipment investment and economic growth. *NBER Working Papers from National Bureau of Economic Research*, 1990.

[39] Brennan M, Subrahmanyam A. Market microstructure and asset pricing: On the compensation for illiquidity in stock returns. *Journal of Financial Economics*, 1996, (7): 441 - 464.

[40] Bris A, Goetzmann W, Zhu N. Efficiency and the bear: Short sales and markets around the world. *Journal of Finance*, 2007, 62:1029 - 1079.

[41] Brown S, Stephen A, Hillegeist. How disclosure quality affects the long-run level of information asymmetry. *Review of Accounting Studies*, 2006, 12(2 - 3):443 - 477.

[42] Bushman R, Chen Q, Engel E, et al. Financial accounting information, organizational complexity and corporate governance systems. *Journal of Accounting and Economics*, 2004, 37: 167 - 201.

[43] Bushman R, Piotroski J, Smith A. What determines corporate transparency. *Journal of Accounting Research*, 2004, 42:207 - 252.

[44] Bushman R, Piotroski J, Smith A. Insider trading restrictions and analysts' incentives to follow firms. *The Journal of Finance*, 2005, 60(1): 35 - 66.

[45] Campbell J, Lettau M. Dispersion and volatility in stock returns: An empirical investigation. *NBER Working Papers from National Bureau of Economic Research*, 1999.

[46] Campbell J, Lettau M, Malkiel B, et al. Have individual

stocks become more volatile? An empirical exploration of idiosyncratic risk. *Journal of Finance*, 2001, 56:1 - 43.

[47] Carlton D, Fischel D. The regulation of insider trading. *Stanford Law Review*, 1983, 35:857 - 895.

[48] Chan K, Hameed A. Stock price synchronicity and analyst coverage in emerging markets. *Journal of Financial Economies*, 2006, 80:115 - 147.

[49] Chang X, Dasgupta S, Hilary G. Analyst Coverage and Financing Decisions. *The Journal of Finance*, 2006, 61(6): 3009 - 3048.

[50] Charles P, Himmelberg R, Glenn H, et al. Understanding the determinants of managerial ownership and the link between ownership and performance. *Journal of Financial Economics*, 1999, 53(3): 353 - 384.

[51] Chen J, Chen S, Su X. Profitability regulation, earnings management and modified audit opinions: Evidence from China. *Journal of Practice and Theory*, 2001, 20 (2): 202 - 219.

[52] Chen K, Yuan H. Earnings management and resource allocation:Evidence from China's accounting-based regulation of rights issues. *Accounting Review*, 2004, 79: 645 - 665.

[53] Chen P, Jaggi B. Association between independent non-executive director, family control and financial disclosure in Hong Kong. *Journal of Accounting and Public Policy*, 2000, 19:285 - 310.

[54] Cheng A, Cheung J, Gopalakrishnan V. On the usefulness of operating income, net income and comprehensive income in explaining security returns. *Accounting and Business Research*, 1993, 23: 195 - 203.

[55] Cheng E, Courtenay S, Krishnamurthic C. The impact of

increased voluntary disclosure on market information asymmetry, informed and uninformed trading. *Asia-Pacific Journal of Accounting and Economics Symposium*, 2005.

[56] Choi S. Analysts, insiders, and institutional investors and firm-specific return variation: Evidence from IPO companies. *Rensselaer Polytechnic Institute*, 2005.

[57] Christopher A, Sumantra G. Managing across borders: The transnational solution. *Harvard Business School Press*, 1989.

[58] Claessens S, Djankov S. Enterprise performance and management turnover in the Czech Republic. *European Economic Review*, 1999, 43(4 - 6): 115 - 1124.

[59] Coles J, Michael H, Swaminathan K. Earnings management around employee stock option reissues. *Journal of Accounting and Economics*, 2006, 41(1 - 2): 173 - 200.

[60] Collins D, Salatka W. Noisy accounting earnings signals and earnings response coefficients: The case of foreign currency accounting. *Contemporary Accounting Research*, 1993, 10: 119 - 159.

[61] Collins D, Kothari, Shanken J, et al. Lack of timeliness and noise as explanations for the low contemporaneous return-earnings association. *Journal of Accounting and Economics*, 1994, 18:289 - 324.

[62] Cooke T. The effect of size, stock market listing and industry type on disclosure in the annual reports of Japanese listed corporations. *Accounting and Business Research*, 1992, 22: 229 - 237.

[63] Courteau L, Kao J, Richardson G. The equivalence of dividend, cash flows, and residual earnings approaches to equity valuation employing terminal value expressions. Working paper, *University of Alberta*, 2000.

[64] Crutchley C, Garner J, Marshall B. Does one-size fit all? A comparison of boards between newly public and mature firms. Working Paper, *University of Drexel*, 2004.

[65] Daft R, Lewin A. Where are the theories for the "new" organizational forms? An editorial essay. *Organization Science*, 1993, 4(4): 21 - 39.

[66] Dan R, Catherine M, Jonathan L, et al. Number of directors and financial performance: A meta-analysis. *The Academy of Management Journal*, 1999, 42(6): 674 - 686.

[67] Daouk H, Lee M, Ng D. Capital market governance: How do security laws affect market performance. *Journal of Corporate Finance*, 2006, 12:560 - 593.

[68] David N. Company directors and industry performance. *Strategic Management Journal*, 1986, 7(2): 101 - 117.

[69] David E, Soeren H, O'Hara M. Is information risk a determinant of asset returns. *The Journal of Finance*, 2002, 57 (5): 2185 - 2221.

[70] David E, O'Hara M. Information and the cost of capital. *The Journal of Finance*, 2004, 59(4): 1553 - 1583.

[71] David Y. Remuneration, retention, and reputation incentives for outside directors. *The Journal of Finance*, 2004, 59 (5): 2281 - 2308.

[72] Davis A, Piger K, Sedor L. Beyond the numbers: Managers' use of optimistic and pessimistic tone in earnings press releases. *Contemporary Accounting Research*, 2012, 29(3): 845 - 868.

[73] DeAngelo L. Discussion of "evidence of earnings management from the provision for bad debts". *Journal of Accounting Research*, 1988, 26 (supplement): 32 - 40.

[74] Dechow P, Sloan R, Sweeney A. Causes and consequences of

earnings manipulation: An analysis of firms subject to enforcement actions by the SEC. *Contemporary Accounting Research*, 1996, 13:1 - 36.

[75] Demsetz H, Lehn K. The structure of corporate ownership: Causes and consequences. *Journal of Political Economy*, 1985, 93(6): 1155 - 1177.

[76] Dechow P, Sloan R, Sweeney A. Detecting earnings management. *The Accounting Review*, 1995, 70 (2): 193 - 225.

[77] Dhaliwal D, Subramnayam K, Trezevant R. Is comprehensive income superior to net income as a measure of firm performance. *Journal of Accounting and Economics*, 1999, 26:43 - 67.

[78] Ding Y, Kristian O, Hope T, et al. Differences between domestic accounting standards and IAS: Measurement, determinants and implications. *Journal of Accounting and Public Policy*, 2007, 26:1 - 38.

[79] Dooley K. Operation complexity. *International Encyclopedia of Business and Management*, 2002,6:89 - 124.

[80] Dopuch N, Holthausen R, Leftwich W. Predicting audit qualifications with financial and market variables. *The Accounting Review*, 1987, 62(3): 431 - 454.

[81] Douglas W. Optimal release of information by firms. *The Journal of Finance*,1985, 40(4): 1071 - 1094.

[82] Dow J, Rahi R. Informed trading, investment, and welfare. *Journal of Business*,2003, 76:439 - 454.

[83] Duru A, David M. International diversification and analysts' forecast accuracy and bias. *The Accounting Review*, 2002, 77 (2): 415 - 433.

[84] Durnev A, Morck R, Yeung B, et al. Does greater firm-

specific return variation mean more or less informed stock pricing. *Journal of Accounting Research*, 2003, 41: 797 – 836.

[85] Durnev A, Li K, Morck R, et al. Capital markets and capital allocation implications for economies in transition. *Economics of Transition*, 2004, 12:593 – 634.

[86] Durnev A, Morck R, Yeung B. Value enhancing capital budgeting and firm-specific stock return variation. *Journal of Finance*, 2004, 59: 65 – 105.

[87] Durnev A, Amrita S. Does insider trading regulation deter private information trading: International evidence. *Pacific-Basin Finance Journal*, 2007, 15:1 – 25.

[88] Dye R, Sridhar S. Resource allocation effects of price reactions to disclosures. *Contemporary Accounting Research*, 2002, 19:385 – 410.

[89] Easley D, Kiefer N, O'Hara M. Cream-skimming or profit-sharing? The curious role of purchased order flow. *Journal of Finance*, 1996, 51:811 – 833.

[90] Easton P, Harris T, Ohlson J. Aggregate accounting earnings can explain most of security returns: The case of long return intervals. *Journal of Accounting and Economics*, 1992, 15:119 – 142.

[91] EI-Gazzar S. Predisclosure information and institutional ownership: A cross sectional examination of market revaluations during earning announcement periods. *The Accounting Review*, 1998, 73 (I) :119 – 129.

[92] Eliezer M, Lawrence J. Why do CEOs reciprocally sit on each other's boards. *Journal of Corporate Finance*, 2005, 11(1 – 2): 175 – 195.

[93] Eugene F. Efficient capital markets: A review of theory and

empirical work. *The Journal of Finance*, 1970, 25(2): 383 – 417.

[94] Eugene F. Agency problems and the theory of the firm. *Journal of Political Economy*, 1980, 88(2): 288 – 307.

[95] Eugene F. Efficient Capital Markets: Ⅱ. *The Journal of Finance*, 1991, 46(5): 1575 – 1617.

[96] Faccio M, Lang L, Young L. Dividends and expropriation. *American Economic Review*, 2001, 91: 54 – 78.

[97] Faccio M. Politically connected firms. *American economic review*, 2006, 96:369 – 386.

[98] Fama E, Jensen M. Separation of ownership and control. *Journal of Law and Economics*, 1983, 26:301 – 325.

[99] Fan J, Wong T. Corporate ownership structure and the informativeness of accounting earnings in East Asia. *Journal of Accounting and Economics*, 2002, 33: 401 – 425.

[100] Faulkender M, Yang J. Inside the black box: The role and composition of compensation peer groups. *Journal of Financial Economics*, 2010, 96:257 – 270.

[101] Feldman R, Govindaraj S, Livnat J, et al. Management's tone change, post earnings announcement drift and accruals. *Review of Accounting Studies*, 2009,15:915 – 953.

[102] Fernandes N, Ferreira M. Does international cross-listing improve the information environment? *Journal of Financial Economics*, 2008, 88:216 – 244.

[103] Fernandes N, Ferreira M. Insider trading laws and stock price informativeness. *Review of Financial Studies*, 2009, 6:45 – 78.

[104] Ferreira M, Laux P. Corporate governance, idiosyncratic risk and information flow. *Journal of Finance*, 2007, 62:951 – 989.

[105] Fields T, Rangan S, Thiagarajan R. An empirical evaluation

of the usefulness of non-GAAP accounting measures in the real estate investment trust industry. *Review of Accounting Studies*, 1998, 3:103 – 130.

[106] Finkelstein S, Hambrick D. Chief executive compensation: A study of the intersection of markets and political processes. *Strategic Management Journal*, 1989, 10(2):121 – 134.

[107] Fishman M, Hagerty K. Disclosure decisions by firms and the competition for price efficiency. *The Journal of Finance*, 1989, 44(3): 633 – 646.

[108] Fishman M, Hagerty K. Insider trading and the efficiency of stock prices. *Rand Journal of Economics*, 1992, 23:106 – 122.

[109] Fox M, Morck R, Yeung B, et al. Law, share price accuracy, and economic performance: the new evidence. *Michigan law Review*, 2003, 102:331 – 386.

[110] Francis J, LaFond R, Olsson P, et al. The market pricing of accruals quality. *Journal of Accounting and Economics*, 2005, 39(2):295 – 32.

[111] Franco D, Hope G, Vyas O, et al. Ambiguous language in analyst reports. Working paper, *University of Toronto*, 2011.

[112] Frank H. Two agency-cost explanations of dividends. *The American Economic Review*, 1984, 84(4): 650 – 659.

[113] Frankel R, Li X. Characteristics of a firm's information environment and the information asymmetry between insiders and outsiders. *Journal of Accounting and Economics*, 2004, 37: 229 – 259.

[114] Freeman R, Tse S. The multiperiod information content of accounting earnings: Confirmations and contradictions of previous earnings reports. *Journal of Accounting Research*, 1989, 27:49 – 84.

[115] French K, Roll R. Stock return variances: The arrival of

information and the reaction of traders. *Journal of Financial Economics*, 1986, 17(1): 5 - 26.

[116] Frost C. Disclosure policy choices of UK firms receiving modified audit reports. *Journal of Accounting and Economics*, 1997, 23: 163 - 187.

[117] George A. The market for "lemons": Quality uncertainty and the market mechanism. *The Quarterly Journal of Economics*, 1970, 84(3): 488 - 500.

[118] Gerald R, Pfeffer J. A social information processing approach to job attitudes and task design. *Administrative Science Quarterly*, 1978, 23(2): 224 - 253.

[119] Gilson S, Healy P, Christopher F, et al. Analyst specialization and conglomerate stock breakups. *Journal of Accounting Research*, 2001, 39(3): 565 - 582.

[120] Givoly D, Hayn C. The changing time-series properties of earnings, cash flows and accruls: Has financial reporting become more conservative. *Journal of Accounting and Economic*, 2000, 29:287 - 320.

[121] Goldman E. The impact of organizational form on information collection and the value of the firm. *Journal of Business*, 2005, 78:817 - 839.

[122] Goyal V, Frank M. Testing the pecking order theory of capital structure. *Journal of Financial Economics*, 2003, 67(2): 217 - 248.

[123] Greenwood R. Excess comovement of stock returns: Evidence from cross-sectional variation in Nikkei 225 weights. *Review of Financial Studies*, 2008, 21: 1153 - 1186.

[124] Grossman S, Stiglitz J. On the impossibility of informationally efficient markets. *American Economic Review*, 1980,

70:393 - 408.

[125] Guay W, Kothari S, Watts R. A market-based evaluation of discretionary accrual models. *Journal of Accounting Research*, 1996, 34(Supplement):83 - 115.

[126] Guidry F, Lenone A, Rock S. Earning-based bonus plans and earnings management by business managemers. *Journal of Accounting and Economics*, 1999, 26 :113 - 142.

[127] Habib M, Johnsen D, Naik N. Spinoffs and information. *Journal of Financial Intermediation*, 1997, 6(2): 153 - 176.

[128] Haggard K, Martin X, Pereira R. The impact of voluntary disclosure on stock price informativeness. FMA 2006 Annual Meeting, *University of Missouri Columbia*, 2006.

[129] Hayek F. The use of knowledge in society. *The American Economic Review*, 1945, 35(4): 519 - 530.

[130] Haw I, Qi D, Wu W. Timeliness of annual report releases and market reaction to earnings announcements in an emerging capital market: The case of China. *Journal of International Financial Management and Accounting*, 2000, 11:108 - 131.

[131] Haw I, Qi D, Wu W, et al. Earnings management of listed firms in response to security regulations in China's emerging capital market. Working paper, *Chinese University of Hong Kong*, 1998.

[132] Healy P, Hutton A, Palepu K. Stock performance and intermediation changes surrounding sustained increases in disclosure. *Contemporary Accounting Research*, 1999, 16(3): 485 - 520.

[133] Healy P, Palepu K. Information asymmetry, corporate disclosure, and the capital markets: A review of the empirical disclosure literature. *Journal of Accounting and*

Economics, 2001,31(1 – 3): 405 – 440.

[134] Henry E. Are investors influenced by how earnings press releases are written. *Journal of Business Communica-tion*, 2008, 45:363 – 407.

[135] Hermalin B, Michael S, Weisbach. Endogenously chosen boards of directors and their monitoring of the CEO. *American Economic Review*,1998, 88:96 – 118.

[136] Hermalin B, Weisbach M. Endogenously chosen boards of directors and their monitoring of the CEO. *American Economic Review*, 1998, 88:96 – 118.

[137] Ho S, Wong K. A study of corporate disclosure practice and effectiveness in Hong Kong. *Journal of International Financial Management and Accounting*, 2001, 12:75 – 102.

[138] Hope O. Disclosure practices, enforcement of accounting, standards and analysts'forecast accuracy: An international study. *Journal of Accounting Research*, 2003, 41: 235 – 272.

[139] Hossain M, Perera M, Rahman A. Voluntary disclosure in the annual reports of New Zealand companies. *Journal of International Financial Management and Accounting*, 1995, 6:69 – 87.

[140] Hsieh C, Hui K. Analyst report readability. Working paper, *Hong Kong University of Science and Technology*, 2011.

[141] Hutton P, Alan J, Marcus, et al. Opaque financial reports, R^2 and crash risk. *Journal of Financial Economics*,2009, 94 (1): 67 – 86.

[142] Irvine P, Pontiff J. Idiosyncratic Return Volatility, Cash Flows, and Product Market Competition. *Review of Financial Studies*, 2009, 22(3): 1149 – 1177.

[143] Jensen M, Murphy K. Performance pay and top management incentives. *Journal of Political Economy*,

1990, 98:225 - 263.

[144] Jin L, Myers S, R^2 around the world: new theory and new tests. *Journal of Financial Economics*, 2006, 79: 257 - 292.

[145] Joos P, Plesko, G. Valuing loss firms. *The Accounting Review*, 2005, 80(3):847 - 870.

[146] Khanna T, Palepu K, Srinivasan S. Disclosure practices of foreign companies interacting with U. S. markets. *Journal of Accounting Research*, 2004, 42:144 - 165.

[147] Kim J, Yi C. Foreign equity ownership and corporate transparency in emerging markets: Evidence from Korea. Working paper, *Hong Kong Polytechnic University*, 2003.

[148] King R. Reputation formation for reliable reporting: An experimental investigation. *The Accounting Review*, 1996, 71(3):375 - 396.

[149] Klein A. Firm performance and board committee structure. *Journal of Law and Economics*, 1998, 33: 275 - 302.

[150] Krishnan G, Visvanathan G. Does the SOX definition of an accounting expert matter? The association between audit committee directors' accounting expertise and accounting conservatism. *Contemporary Accounting Research*, 2008, 25(3):827 - 857.

[151] Kothari S. Price-earnings regressions in the presence of prices leading earnings: earnings level versus change specifications and alternative deflators. *Journal of Accounting and Economics*, 1992, 15:173 - 302.

[152] Lambert R, Larcker D. An analysis of the use of accounting and market measures of performance in executive compensation contracts. *Journal of Accounting Research*, 1987, 25 (Supplement):85 - 129.

[153] Lang M, Lundholm R. Voluntary disclosure during equity

offerings: Reducing information asymmetry or hyping the stock. *Contemporary Accounting Research*, 2000, 17: 623 –662.

[154] Lawrence P, Lorsch J. Differentiation and integration in complex organizations. *Administrative science quarterly*, 1967, 12(1): 1 – 47.

[155] Lehn K, Patro S, Zhao M. Determinants of the size and structure of corporate boards: 1935—2000. Working Paper, *University of Pittsburgh*, 2004.

[156] Lesmond D, Ogden J, Trzcinka C. A new estimate of transaction costs. *Review of Financial Studies*, 1999, 12(5): 1113 – 1141.

[157] Lev B. On the usefulness of earnings and earnings research: Lessons and directions from two decades of empirical research. *Journal of Accounting Research*, 1989, 12 (Supplement):153 – 192.

[158] Leung S, Horwitz B. Director ownership and voluntary segment disclosure: Hong Kong evidence. *Journal of International Financial Management and Accounting*, 2004, 15 (3) :213 – 254.

[159] Leuz C, Robert E. The economic consequences of increased disclosure. *Journal of Accounting Research*, 2000, 38: 91 – 124.

[160] Leuz C, Nanda D, Peter D. Earnings management and investor protection: A international comparison. *Journal of Economics*, 2003, 9(3): 405 – 527.

[161] Levine R. Financial development and economic growth: Views and agenda. *Journal of Economic Literature*, 1997, 5 (2): 688 – 726.

[162] Li F. Annual report readability, current earnings, and earnings persistence. *Journal of Accounting and Economics*, 2008, 5:221 – 247.

[163] Li F, Lundholm R, Minnis M. The impact of perceived competition on the profitability of investments and future stock returns. Working paper, *University of Michigan and University of British Columbia*, 2010.

[164] Li J, Stewart C, Myers. R^2 around the world: New theory and new tests. *Journal of Financial Economics*, 2006, 9(2): 257 – 292.

[165] Li K, Morck R, Yang F, et al. Firm-specific variation and openness in emerging markets. *The Review of Economics and Statistics*, 2004, 86:658 – 669.

[166] Lipe R, Brant L, Widener S. Do nonlinearity, firm-specific coefficients, and losses represent distinct factors in the relation between stock returns and accounting earnings. *Journal of Accounting and Economics*, 1998, 25:195 – 214.

[167] Llorente G, Michaely R, Saar G, et al. Dynamic volume return relation of individual stocks. *Review of Financial Studies*, 2002, 15:1005 – 1047.

[168] Loughran T, McDonnald B. When is a liability not a liability? Textual analysis, dictionaries, and 10-Ks. *Journal of Finance*, 2011, 66(1):35 – 65.

[169] Luis R, Leslie E. Cultural diversity and the performance of multinational firms. *Journal of International Business Studies*, 1997, 28(2):309 – 335.

[170] Mark L, Hung M. Investor protection and corporate governance: Evidence from worldwide CEO turnover. *Journal of Accounting Research*, 2004, 42:269 – 312.

[171] Mark S, Galaskiewicz J. Networks of interorganizational relations. *Sociological Methods Research*, 1993, 22 (1): 46 – 70.

[172] Marston C, Shrives P. A review of the development and use

of explanatory models in financial disclosure studies. Unpublished conference paper, 19th *European Accounting Association Annual Congress*, 1995.

[173] McNichols M, Trueman B. Public disclosure, private information collection, and short-term trading. *Journal of Accounting and Economics*, 1994, 17(1 – 2): 69 – 94.

[174] Meek G, Roberts C, Gray A. Factors influencing voluntary annual report disclosure by U. S. , U. K. and continental European multinational corporations. *Journal of International Business Studies*, 1995, 26 (3): 555 – 572.

[175] Merkley K. Narrative disclosure and earnings performance: Evidence from R&D disclosures. Working paper, *Cornell University*, 2011.

[176] Merton R. A simple model of capital market equilibrium with incomplete information. *The Journal of Finance*, 1987, 42(3): 483 – 510.

[177] Miller G, Piotroski J. Forward-looking earnings statements: Determinants and market response. Working paper, *Harvard Business School and University of Chicago*, 2000.

[178] Morck R, Yeung B, Yu W. The information content of stock markets: Why do emerging markets have synchronous stock price movements. *Journal of Financial Economics*, 2000, 58:215 – 238.

[179] Morse A, Nanda V, Seru A. Are incentive contracts rigged by powerful CEOs. *Journal of Finance*, 2011, 66(5):1779 – 1821.

[180] Murpher K, Zemmerman J. Financial performance surrounding CEO turnover. *Journal of Accounting and Economics*, 1993 (1):273 – 316.

[181] Myers S, Majluf N. Corporate financing and investment

decisions when firms have information that investors do
not have. *Journal of Financial Economics*, 1984,13:187 - 222.

[182] Nanda D, Zhang Y. Selective and aggregate disclosure.
Working Paper, *University of Miami*, 2006.

[183] Nelson K, Pritchard A. Litigation risk and voluntary
disclosure: The use of meaningful cautionary language.
Working paper, *Rice University*, 2007.

[184] Nohria N, Ghoshal S. Differentiated fit and shared values:
Alternatives for managing headquarters-subsidiary relations.
Strategic Management Journal,1994, 15(6): 491 - 502.

[185] Owusu-Ansah, Stephen. The impact of corporate attributes
on the extent of mandatory disclosure and reporting by listed
companies in Zimbabwe. *The International Journal of
Accounting*, 1998, 33: 605 - 631.

[186] Plummer C, Tse S. The effect of limited liability on the
informativeness of earnings: Evidence from the stock and
bond markets. *Contemporary Accounting Research*, 1999,
16:541 - 574.

[187] Qu J, Penman S. Accounting measurement, price-earnings
ratio, and the information content of security prices.
Journal of Accounting Research, 1989, 27 (Supplement):
111 - 152.

[188] Rayburn J. The association of operating cash flow and
accruals with security returns. *Journal of Accounting
Research*, 1986, 24(Supplement):112 - 133.

[189] Romer P. Idea gaps and object gaps in economic
development. *Journal of Monetary Economics*, 1993, 32
(3): 543 - 573.

[190] Rose N, Shepard A. Firm diversification and CEO
compensation: Managerial ability or executive

entrenchment. *Rand Journal of Economics*, 2005, 28(3):
489 – 514.

[191] Pfeffer J. Size and composition of corporate boards of
directors: The organization and its environment.
Administrative Science Quarterly, 1972, 17(2): 218 – 228.

[192] Piotroski J, Roulstone D. The influence of analysts,
institutional investors, and insiders on the incorporation of
market, industry, and firm-specific information into stock
prices. *The Accounting Review*, 2004, 79:1119 – 1151.

[193] Rajan R, Zingales L. Financial dependence and growth.
American Economic Review, 1998, 88:559 – 586.

[194] Rajgopal S, Venkatachalam M. Financial reporting quality
and idiosyncratic return volatility. *Journal of Accounting
and Economics*, 2010, 51(1 – 2):1 – 20.

[195] Rajpopal S, Venkatachalam M, Jiambalvo J. Is institutional
ownership associated with earnings management and the
extent to which stock price reflect future earnings? Working
Paper, *University of Pennsylvania*, 1999.

[196] Ramesh K, Thiagarajan R. Estimating the permanent
component of accounting earnings using the unobservable
components model: Implications for price-earnings' research.
Journal of Accounting, Auditing, and Finance, 1993, 8:
399 – 425.

[197] Roll R. R^2. *Journal of Finance*, 1988, 43:541 – 566.

[198] Sanders W, Young B. Internationalization and firm
governance: The roles of CEO compensation, top team
composition, and board structure. *The Academy of Management
Journal*, 1998, 41(2): 158 – 178.

[199] Schrand C, Verrecchia R. Disclosure choice and cost of
capital: Evidence from underpricing in initial public

offerings. Working paper, *University of Pennsylvania*, 2002.

[200] Schwartz-Ziv M, Weisbach M. What do boards really do? Evidence from minutes of board meetings. *Journal of Financial Economics*, 2013, 108:349 – 366.

[201] Sefcik S, Thompson T. An approach to statistical inference in cross-sectional regression with security abnormal return as dependent variable. *Journal of Accounting Research*, 1986, 24:316 – 364.

[202] Shleifer A, Vishny R. A survey of corporate governance. *Journal of Finance*, 1997, 52(2): 737 – 783.

[203] Sloan R. Do stock prices fully reflect information in accruals and cash flows about future earnings. *Accounting Review*, 1996, 71:289 – 315.

[204] Stein J. Internal capital markets and the competition for corporate resources. *Journal of Finance*, 1997, 56: 111 – 133.

[205] Tobin J. On the efficiency of the financial system. *Lloyd's Banking Review*, 1982,153:1 – 15.

[206] Teoh, Welch S, Wong T. Earnings management and long-term market performance of initial public offerings. *Journal of financial economics*, 1998, 53:1935 – 1974.

[207] Tetlock P, Saar-Tsechansky M, Macskassy S. More than words: Quantifying language to measure firms' fundamentals. *The Journal of Finance*, 2008,63(3):1437 – 1467.

[208] Rueman B, Titman S. An explanation for accounting income smoothing. *Journal of Accounting Research*, 1988, 26 (Supplementary):127 – 139.

[209] Vega C. Stock price reaction to public and private information. *Journal of Financial Economics*, 2006, 82: 103 – 133.

[210] Veldkamp L. Information markets and the comovement of asset prices. *Review of Economic Studies*, 2006, 73: 823 – 845.

[211] Verrechia R. The Use of mathematical in financial accounting. *Journal of Accounting Research*, 1982, 20: 1 – 42.

[212] Verrechia R, Fischer P. Reporting bias. *The Accounting Review*, 2000, 75(2): 229 – 245.

[213] Wallace R, Naser K, Mora A. The relationship between comprehensiveness of corporate annual Reports and firm characteristics in Spain. *Accounting and Business Research*, 1994, 25 (97):41 – 53.

[214] Wallace R, Naser K. Firm-specific determinants of comprehensiveness of mandatory disclosure in the corporate annual reports of firms on the stock exchange of Hong Kong. *Journal of Accounting and public Policy*, 1995, 14: 311 – 368.

[215] Wang Q, Wong T, Xia L. State ownership, the institutional environment, and auditor choice. *Journal of Accounting and Economics*, 2008, 46(1): 112 – 134.

[216] Watts R, Zimmerman J. Positive accounting theory. *Prentice-Hall, Englewood*, 1986.

[217] West K. Dividend innovations and stock Price volatility. *Econometrica*, 1988, 56:37 – 61.

[218] Williams M. Discussion of "The role of information precision in determining cost of equity capital". *Review of Accounting Studies*, 2004, 9:261 – 264.

[219] Wilson G. The relative information content of accruals and cash flows: Combined evidence at the earnings announcement and annual report release date. *Journal of*

Accounting Research, 1986, 24:165 - 200.

[220] Wilson G. The incremental information content of accrue and funds components of earnings after controlling for earnings. *The Accounting Review*, 1987, 4:293 - 322.

[221] Wurgler J. Financial markets and the allocation of capital. *Journal of Financial Economics*, 2000, 58:187 - 214.

[222] Youngsuk Y. Stock price informativeness, investment decisions, and firm performance: Evidence from spinoffs. *University of North*, 2006.

[223] Zahra S, John A, Pearce. Boards of directors and corporate financial performance: A review and integrative model. *Journal of Management*, 1989, 15(2): 291 - 334.

[224] Zarzeski M. Spontaneous harmonization effects of culture and market forces on accounting disclosure practices. *Accounting Horizons*, 1996, 10 (1): 18 - 37.

索 引

后　记

本书是在我的博士学位论文基础上撰写而成的。

成书之时,回忆过往的艰辛、困惑、欢愉和兴奋,我要感谢所有给予我鼓励和帮助的人,感谢他们与我一起分享人生的重要阶段,感谢他们赋予我生活的智慧和财富,成为我未来生活与学术的积淀。

我由衷地感谢我的导师王跃堂教授。学位论文是在先生的悉心指导下完成的。先生刻苦、好学、严格、进取的学术风格,给我留下了难以忘却的印象;先生治学严谨,诲人不倦,总是循循善诱,耐心指导;先生开阔的思维让我受益,在我选题及后来的写作中,给予了悉心的指导和严格的要求,他对学科前沿和方向的准确把握指引着我论文的写作。2012年度,先生被遴选为"长江学者讲座教授",成为会计学术界为数不多的"长江学者"之一,这可以说是实至名归。先生是我学习的典范。有幸能够成为先生的学生,得到先生的言传身教是我一生中最宝贵的财富。从师数年,我既领略了先生的风范,又深谙了会计实证研究的奥妙。

感谢南京大学会计学系的杨雄胜教授、朱元午教授、李心合教授、陈冬华教授、冯巧根教授、张朝宓教授、陈丽花教授、苏文兵教授、李翔副教授和熊焰韧副教授等,他们的授课方式和学术观点是我知识的来源,他们的建议将指引我未来的努力方向。

感谢扬州大学陈耀教授、蒋乃华教授、钱忠好教授、谢科进教授、秦兴方教授及扬州大学商学院会计学系各位同仁在多方面给予我的鼓励与帮助。

感谢我的同门师兄弟博士研究生赵子夜、涂建明、邵君利、刘珊珊、魏晓雁及南京大学商学院的其他同学,感谢他们有价值的交流和无私的帮助!

最后,我要感谢我的爱人陈萍女士。爱人的优秀既是压力,也是我不断努力的动力。爱人的鼓励和支持是我最大的精神支柱!

众多的感谢难以言表,唯有今后加倍的努力学习、工作,才能回报所有关心、帮助我的老师、同事、同学和家人。

张斌

2012 年 9 月于扬州